Essen kann unser Leben verändern.
In welche Richtung diese Veränderung geht,
liegt in unseren Händen.

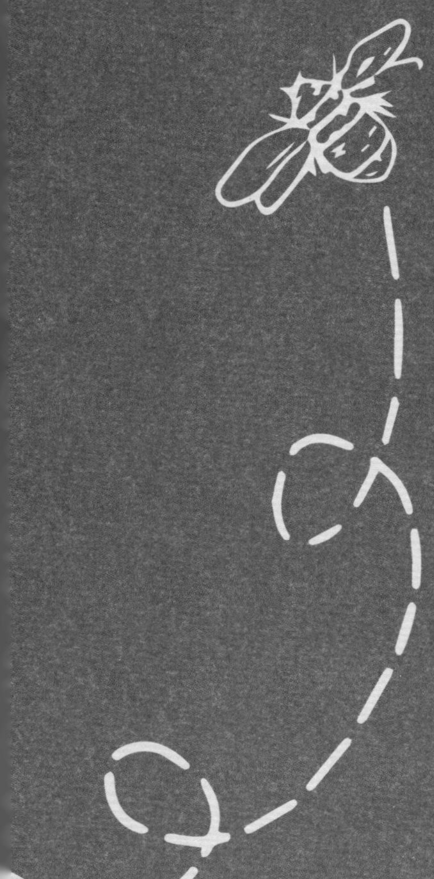

Lorena Maria Lins & Elena Groß

Löwenzahn & Endivie

gesund & nachhaltig · kochen & genießen

BUCHER

Lorena Maria Lins & Elena Groß

Löwenzahn & Endivie

gesund & nachhaltig · kochen & genießen

Inhalt

Elena & Lorena

Über uns & unsere Vision einer nachhaltigen Küche

Liebe Leserinnen, liebe Leser!

Wir sind Lorena und Elena, zwei junge Hobbyköchinnen und leidenschaftliche Gestalterinnen. Wir freuen uns sehr, dass du Interesse an einer nachhaltigen Ernährung und unserem Kochbuch hast! Wir sind 23 und 22 Jahre alt und studieren aktuell Gestaltung und Kommunikation an der Fachhochschule Vorarlberg. Unser Herz schlägt für Design, das Kochen, leckeres Essen und vor allem für eine gesunde und nachhaltige Vielfalt in der eigenen Küche. Wir lieben es, neue Kreationen auszuprobieren und auf neue Geschmacksexplosionen und -entdeckungen zu stoßen. Wir sind beide in wunderbaren Familien groß geworden, in welchen es zum Alltag gehört, frische und schmackhafte Gerichte für die ganze Familie zu kreieren. Wir wuchsen beide mit dem Spaß am Kochen auf und haben das große Glück, von Mamas, Omas und Papas Kochkünsten zu lernen und daraus zu profitieren. Nun geht unsere Reise in die Welt der pflanzlichen Kulinarik und deren Hintergrundwissen weiter. Wir leben derzeit in einer globalen Klimakrise, welche wir nur mit vereinten Kräften bewältigen können. Es werden jährlich immer noch mehr Ressourcen für unseren Lebensstil benötigt und darunter leidet die Erhaltung natürlicher Lebensräume, die Gesundheit von uns Menschen und der Tiere sowie die weltweite Artenvielfalt enorm. Aus diesem Grund haben wir uns dafür entschieden, uns näher mit der Thematik der pflanzenbasierten Ernährung auseinanderzusetzen. Schließlich ist diese die nachhaltigste, umweltfreundlichste und natürlich auch die ethischste Ernährungsform. Sie zählt auch zu den gesündesten Ernährungsmethoden. Außerdem spielt die Herkunft unserer Lebensmittel eine sehr große Rolle für unser Weltklima und unsere Gesundheit. Daher bevorzugen wir es, regionale und vor allem saisonale Lebensmittel zu konsumieren und in unserer Küche zu verwenden. Aus unserer Leidenschaft für das Kochen und unserem Nachhaltigkeitsgedanken sind wir zum Entschluss gekommen, gemeinsam, im Rahmen unserer Bachelorarbeit, ein Kochbuch zu konzeptionieren, zu schreiben und zu gestalten, um unseren Leserinnen und Lesern zu vermitteln, wie einfach und vor allem schmackhaft die regionale, saisonale und besonders die pflanzliche Kulinarik sein kann. Wir möchten euch herzlich dazu einladen, euch gemeinsam mit uns auf eine Reise durch die vier Jahreszeiten zu begeben, dabei etwas über die regionalen, saisonalen und pflanzlichen Schätze unserer Natur zu erfahren und diese lieben zu lernen.

Viel Spaß beim Kochen, Kreativ-Sein & Lesen!

Elena Groß & Lorena Maria Lins

Vorwort

Über uns & unsere Vision einer nachhaltigen Küche

Wir stecken mitten in einer Klimakrise und es gibt unzählige Möglichkeiten, dieser Bedrohung für unsere Erde, und uns selbst, entgegenzusteuern. Man könnte bei kurzen Strecken zum nächsten Supermarkt das Fahrrad anstelle des Autos benutzen, bei Mittel- und Langstrecken gibt es die Möglichkeit von öffentlichen Verkehrsmitteln. Man könnte beim Einkauf auf Plastiktüten verzichten und auf wiederverwendbare Taschen sowie auf Lebensmittelbehältnisse umsteigen. Man könnte auf Klimademonstrationen gehen und politisch aktiv werden. Oder man könnte aber auch einfach beim Essen auf die pflanzliche Vielfalt der Natur setzen und so regional und saisonal wie möglich einkaufen. Es gibt unzählige Möglichkeiten, selbst die Erde ein kleines bisschen besser zu machen, und jeder kann einen Beitrag für ein gesundes Gleichgewicht unseres Planeten beitragen.

Für uns ist es die einfachste Methode, die Umwelt zu schützen, wenn man im Supermarkt beim Einkaufen die Wahl auf pflanzliche anstelle von tierischen Produkte legt. Es ist um ein Vielfaches umweltschonender und nachhaltiger für die Umwelt, den Menschen und die Tiere, auf pflanzliche Lebensmittel zu setzen. Außerdem kann man sehr viele umweltschädliche Emissionen einsparen, wenn man beim Kochen regionale und saisonale Lebensmittel verwendet. Dadurch werden weite Transportwege aus anderen Ländern vermieden und die heimischen Landwirte unterstützt. Schließlich hat auch die Vielfalt von heimischen Produkten zu jeder Jahreszeit geschmacklich sehr viel zu bieten. Aus diesem Grund haben wir es uns zur Aufgabe gemacht, mit pflanzlichen, regionalen und saisonalen Lebensmitteln eine leckere und abwechslungsreiche Rezeptauswahl zusammenzustellen, die nicht nur uns schmeckt, sondern auch unserer Erde.

„Löwenzahn & Endivie“ steht für Nachhaltigkeit, Regionalität und wundervollen Geschmack. Wir holen das Beste aus den regionalen und saisonalen Lebensmitteln und kreieren einen abwechslungsreichen, gesunden und nachhaltigen Einblick in die pflanzenbasierte Ernährung. Mit „Löwenzahn & Endivie“ zeigen wir auf, wie einfach und lecker es sein kann, sich pflanzlich, regional und saisonal zu ernähren und somit jeder Einzelne ohne große Umstellungen und komplizierte und exotische Lebensmittel oder Rezepte einen nachhaltigeren Lebensstil anstreben kann.

Der Markenname „Löwenzahn & Endivie“ hat sich aus den ersten Buchstaben unserer beiden Vornamen entwickelt und symbolisiert zwei regionale Pflanzenarten, welche wir auch in unserem Buch verwenden.

Plant-Based Week – eine Kooperation

Um die pflanzliche Küche auch direkt an unsere Mitmenschen zu bringen, veranstalten wir im Namen von „Löwenzahn & Endivie" eine pflanzliche Woche in Schulkantinen. Unser Pilotprojekt findet im Rahmen unseres Bachelorprojektes mit der HLW Feldkirch – Institut St. Josef in Feldkirch statt. Für uns ist es ausgesprochen wichtig, dass insbesondere für Kinder und Jugendliche eine positive Herangehensweise an die pflanzliche Küche geschaffen wird, um aufzuzeigen, welche positiven Einflüsse diese Ernährung in Bezug auf Umwelt, Konzentrationsförderung und Gesundheit für Mensch und Tier mit sich bringt.

Was wir erreichen möchten

Wir möchten auf eine freundliche, sympathische und entgegenkommende Art ein Miteinander für Umweltschutz in der Küche schaffen. Mit unserem Kochbuch zeigen wir auf, wie einfach und unkompliziert die pflanzenbasierte Küche und deren Alternativen sind, und dass es keine große Herausforderung darstellen soll, sich pflanzenbasierten Gerichten zu nähern.

Rezeptauswahl

Um die perfekte Auswahl an Gerichten zusammenzustellen, welche genau dem Geschmack unserer Leserinnen und Leser entspricht, haben wir bestimmte Kriterien für die Rezeptauswahl festgelegt und unsere Zielgruppe befragt. Für uns steht selbstverständlich der Geschmack der Gerichte im Vordergrund. Was kann schon ein Kochbuch, wenn die Gerichte darin nicht schmecken? Alle Rezepte sind pflanzlichen Ursprungs und größtenteils ohne viel Fett und industriellen Zucker. Wir haben sehr darauf geachtet, die Rezeptauswahl vielfältig und abwechslungsreich zu gestalten, um den Makro- und Mikronährstoffbedarf so gut wie möglich abzudecken. Deshalb verwenden wir die unterschiedlichsten Kohlenhydrat- und Proteinlieferanten und Gemüse- und Obstsorten und zeigen eine große Vielfalt an nachhaltigen Alternativen auf. Außerdem war es für uns besonders wichtig, verarbeitete Lebensmittel so gut es geht zu vermeiden, sowie die Gerichte frisch und schmackhaft zu kreieren. Insbesondere für Schüler und Studenten spielt die richtige und konzentrationsfördernde Ernährung im Alltag eine besonders wichtige Rolle. Schließlich kann das Gehirn und der Körper nur dann richtig arbeiten, wenn er ausreichend Nährstoffe zu sich nimmt. Wir haben auf Gerichte verzichtet, die Energie rauben. Wir setzen auf Rezepte, welche lang anhaltend

Energie liefern und den Vitamin- und Nährstoffhaushalt decken, um ein gesundes und ausgewogenes Gleichgewicht zu schaffen.

Süßigkeiten in einem gesunden Kochbuch?

Im Großen und Ganzen befinden sich somit fast nur gesunde Rezepte in unserem Kochbuch. Wir haben uns trotzdem für einige Desserts und Snacks entschieden, die nicht die gesündesten sind, jedoch der Seele guttun. Denn man sollte sich in seiner Ernährung nicht eingeschränkt und unwohl fühlen und daher manchmal trotzdem etwas Süßes oder Fettigeres essen dürfen. Wir sind der Meinung, dass sich niemand etwas verbieten und auf etwas verzichten sollte. Aus diesem Grund haben wir uns die Aufgabe gestellt, die Nachspeisen und einige Snacks so gesund wie möglich zu halten. Um dies zu erreichen, haben wir die generelle Süße der Speisen reduziert, auf raffinierten weißen Zucker verzichtet und Zuckeralternativen verwendet, welche den Blutzuckerspiegel langsamer ansteigen lassen. Wir haben außerdem ausschließlich Dinkelvollkornmehl verwendet, welches ebenfalls dazu führt, den Blutzuckerspiegel langsamer ansteigen zu lassen und durch die Ballaststoffe länger satt zu halten. Bei den Gemüsechips verwenden wir Gemüse und gesundes Öl anstelle von Kartoffeln und haufenweise Fett. Das Gemüse liefert Vitamine und wichtige Ballaststoffe, und das, obwohl sie als gebackene Chips gegessen werden. Außerdem kommt es auch immer auf die Menge an und wie oft man eher ungesunde Speisen zu sich nimmt. In Maßen ist alles vollkommen legitim, jedoch sollte man es auch mit den „gesunden Süßigkeiten“ nicht übertreiben.

Exotische Superfoods? Nicht bei „Löwenzahn & Endivie“!

In einem typischen veganen Kochbuch stößt man normalerweise oft auf exotische Superfoods und Lebensmittel, dessen Name man meist sogar nicht einmal aussprechen kann, geschweige denn im Supermarkt zum Kaufen findet. Nicht aber bei „Löwenzahn & Endivie“! Da wir größtenteils regionale und saisonale Lebensmittel in unseren Gerichten verwenden, haben wir auf jegliche typischen veganen Superfoods verzichtet und Gerichte kreiert, welche auch ohne diese funktionieren und den täglichen Nährstoffbedarf ganz einfach decken.

Inspiration unserer Rezepte

Es gibt bereits unzählige ausgezeichnet gute Köche, welche sich der pflanzlichen Küche genähert haben und ihre Rezeptmeisterwerke mit aller Welt teilen. Wir haben mit unseren Rezepten das Rad nicht neu erfunden und uns daher, neben unseren eigenen Kreationen, von bestehenden Rezepten und Gerichten aus aller Welt in ihrer Vielfalt inspirieren lassen und diese nach unseren Geschmäckern und mit viel Kreativität und einiges an Wissen abgewandelt. Schließlich sind wir Designstudentinnen und angehende Gestalterinnen und haben weder Ernährungswissenschaften studiert noch eine Ausbildung als Koch absolviert. Wir sind zwei leidenschaftliche Hobbyköchinnen, die mit Liebe zum Detail und mit Hang zur Nachhaltigkeit arbeiten. Wir durften unseren Traum vom eigenen pflanzlichen Kochbuch im Rahmen des Bachelorstudiums mit erfahrernen Partnerinnen und Partnern realisieren.

Kochbuchgliederung

Aufgrunddessen, dass es am nachhaltigsten ist, wenn man regionale und saisonale Lebensmittel verwendet, haben wir unser Kochbuch auf dieser Grundlage aufgebaut. Das Wichtigste ist für uns, dass der größtmögliche Teil der verwendeten Lebensmittel einen regionalen Ursprung haben und auch nur dann gegessen werden, wenn das Obst und Gemüse bei uns frisch und saisonal erhältlich ist. Daher haben wir das Kochbuch in die vier Jahreszeiten gegliedert und außerdem einen Saisonkalender im Wissensteil erstellt. Durch diese Gliederung fällt es einem einfacher, mit regionalen und saisonalen Lebensmitteln zu kochen, da man die passenden Rezepte und Informationen in der jeweiligen Jahreszeit einfach nachschlagen kann.

In den vier Jahreszeiten Frühling, Sommer, Herbst und Winter gibt es noch die drei Unterkategorien Vor-, Haupt- und Nachspeisen, sodass man zu jeder Jahreszeit die Möglichkeit hat, die unterschiedlichsten Gerichte nachzukochen.

Außerdem gibt es zu den Jahreszeiten zusätzlich noch die Rezeptkategorien „Für Zwischendurch" und „Grundrezepte". Diese sind unabhängig von den Jahreszeiten und setzen sich aus Rezepten zusammen, welche bei den Jahreszeitenrezepten wiederverwendet werden können. Die „Grundrezepte" stellen allein meistens kein vollwertiges Gericht dar, sondern sind Rezepte für Lebensmittel, welche ein wichtiger Bestandteil für die Gerichte aus den Hauptkategorien sind. Beispielsweise Nudeln, Saucen, pflanzliche Drinks und vieles mehr. Wir haben uns für diese Kategorie entschieden, da wir für unsere Gerichte Nahrungsmittel verwenden wollen, welche gar nicht oder nur kaum maschinell verarbeitet wurden. Schließlich gilt: je verarbeiteter ein Produkt, desto ungesunder ist es. Die Snackrezepte sind ebenfalls unabhängig von den Jahreszeitenkategorien. Beispielsweise gibt es die Möglichkeit, die Heidelbeerhaferriegel im Sommer mit frischen Heidelbeeren zuzubereiten, oder auch im Winter mit gefrorenen Heidelbeeren. Wir haben uns bewusst für diese zusätzliche Rezeptkategorie entschieden, da es vor allem für Schülerinnen und Schüler sowie für Studentinnen und Studenten sehr wichtig ist, auch die kleinen Mahlzeiten zwischendurch so gesund und nachhaltig wie möglich zu gestalten.

Wichtiges zu den Rezepten

Wir haben in unseren Rezepten für die Mengenangaben der Zutaten die einheitlichen Maßeinheiten Gramm, Liter/Milliliter, Esslöffel und Teelöffel verwendet. Ein Ess- oder Teelöffel entspricht einem gut gefüllten und leicht gehäuften Löffel. Wenn man sich mal etwas vermisst, spielt das in den meisten Fällen keine große Rolle. Die Rezepte sind alle ganz simpel gestaltet und können auch gegebenenfalls von der Angabe abweichen. Ihr könnt eurer Kreativität natürlich freien Lauf lassen!

Bei Kuchen und Teigen sollten die Anweisungen jedoch genau befolgt werden. Wir haben alle Rezepte sorgfältig überprüft und gekocht, jedoch kann ein Rezept trotzdem manchmal anders gelingen. Das kann zum Beispiel daran liegen, wenn anstelle eines Vollkornmehles ein helles Weizenmehl verwendet wird. Wird der Teig aufgrund dessen zu weich oder zu fest, kann entweder zusätzlich noch etwas Flüssigkeit oder andererseits etwas von den trockenen Zutaten, wie Mehl oder geriebene Nüsse, je nach Rezept, hinzugegeben werden.

Zubereitungszeit

Die angegebene Zubereitungszeit ist nur ein ungefährer Orientierungswert, an welchen ihr euch natürlich nicht halten müsst. Die tatsächliche Zubereitungszeit hängt dann schlussendlich von unterschiedlichen Faktoren ab, beispielsweise wie lange man beim Gemüse schneiden braucht, ob der Backofen rechtzeitig vorgeheizt wurde und welche Hilfsmittel man verwendet. Kochen lädt zum Abschalten und Entspannen ein, weshalb man die Zubereitungszeit nicht als Richtwert sehen sollte, sondern diese dient lediglich als Orientierung und muss keinesfalls beachtet werden.

Frische Zutaten

Einer der wichtigsten Bestandteile unserer Rezepte, um den Gerichten einen leckeren und frischen Geschmack zu verleihen, sind Kräuter. Am idealsten ist es, wenn man frische Kräuter aus dem eigenen Garten oder Haushalt verwendet. Die frisch geschnittenen und gehackten Kräuter geben den Speisen nicht nur einen einzigartigen Geschmack, sondern sind mit einer Vielzahl von Antioxidantien, Bitterstoffen, ätherischen Ölen, verschiedensten Vitaminen und sekundären Pflanzenstoffe vollgepackt – sie sind also wahre Superfoods. Wir bevorzugen natürlich frisches Obst und Gemüse in unserer Küche. Jedoch gibt es auch die Möglichkeit, auf gefrorene oder eingelegte Lebensmittel zurückzugreifen. Wenn im Sommer viele Obst- und Gemüsesorten zum selben Zeitpunkt reifen und geerntet werden und man nicht für alles eine Verwendung findet, kann man es auch klein schneiden, in gefrierfähige Behälter geben, einfrieren und zu einem späteren Zeitpunkt ohne viel Vitamin- und Nährstoffverlust auftauen und zu feinen Gerichte verarbeiten. Dasselbe gilt für konserviertes Gemüse und Obst. Kräuter können ebenfalls ganz einfach eingefroren und später verwendet werden. Diese Methoden ermöglichen uns, frische und leckere Zutaten auch in den Herbst- und Wintermonaten zu kochen und zu genießen.

Würzen, salzen und pfeffern

Bei unseren Rezepten verwenden wir am liebsten frisch gehackte Kräuter, denn diese geben dem Gericht einen unverwechselbar frischen Geschmack. Bei den meisten Rezepten kann man Salz und Pfeffer nach Belieben und Menge hinzufügen, außer es wurde genau angeführt. Jeder Mensch empfindet eine andere Menge Salz und Pfeffer als angenehm, weshalb wir uns dafür entschieden haben, in den meisten Fällen keine genaue Angabe zu geben.

Der Kreativität freien Lauf lassen

Wir schwingen bei guter Musik, einem informativen Podcast oder auch bei einem Film unsere Kochlöffel und lassen dabei unserer Fantasie freien Lauf. Das können wir euch nur von ganzem Herzen empfehlen, denn so macht Kochen richtig Spaß und das schmeckt man dann auch. Wir machten uns das Kochen von gesunden und pflanzlichen Gerichten zu einem täglichen Ritual, bei dem wir abschalten können. Wir lieben es, unsere Liebsten zu bekochen sowie auch mit ihnen zu kochen.

Wir wünschen euch viel Spaß und Freude beim Nachkochen und Genießen!

Wissen

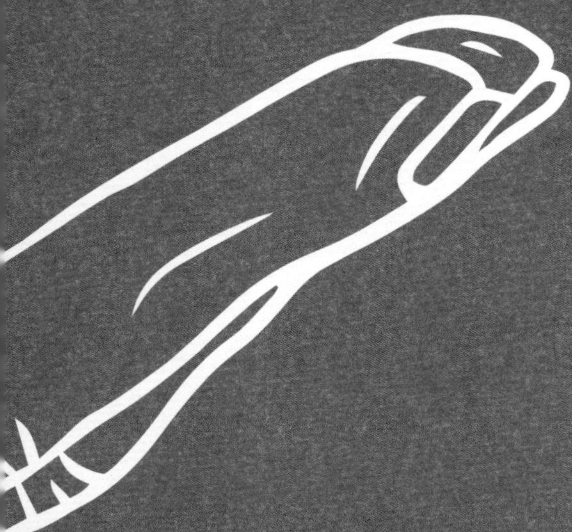

Pflanzliche Ernährung

Die nachhaltigste aller Ernährungsformen

Der Einfluss unseres Essens auf die Klimabilanz

Wenn es um Umweltschutz geht, kommt einem in der Regel nicht sofort das Thema Ernährung in den Sinn. Doch was hat unsere Ernährung mit der Klimakrise zu tun? Wir gingen der Sache auf den Grund und machten uns auf die Suche nach der nachhaltigsten und umweltschonensten aller Ernährungsweisen. Wir recherchierten und untersuchten wissenschaftliche Quellen und fanden heraus, dass die pflanzliche Ernährung wohl die ökologisch effizienteste und schonendste aller Ernährungsvarianten ist.

Was bedeutet eigentlich pflanzliche Ernährung?

Jede Ernährungsform sollte den Nährstoff- und Vitaminhaushalt auf eine einfache und leistbare Art und Weise decken. Am besten eignet sich hierfür eine gesunde und ausgewogene Ernährung. Die eigene Ernährungs- und Lebensweise soll darüber hinaus im Idealfall nicht nur die eigene Gesundheit fördern, sondern auch die unseres Planeten und die aller darauf lebenden Lebenwesen. Um diese drei Säulen in der eigenen Ernährungsform zu verbinden, eignet sich laut zahlreicher wissenschaftlicher Literatur, Forschungen und Studien am besten die rein pflanzliche Ernährung. Bei der pflanzlichen Ernährung, auch vegane Ernährung genannt, wird auf Produkte natürlichen Ursprungs, welche nicht von tierischen Erzeugnissen abstammen, gesetzt. Die Hauptbestandteile einer ausgewogenen pflanzlichen Ernährung listen Gemüse, Obst, Getreide, Pseudogetreide, Kerne, Samen, Nüsse, Hülsenfrüchte und gesunde Fette und Öle sowie pflanzliche Alternativen auf. Doch hinter dem pflanzlichen Lebensstil steckt auch ein großer Mehrwert für uns Menschen, für Mutter Natur und für die Tiere und die Artenvielfalt. Diese Ernährungsform ist somit die effektivste Weise, die eigene Gesundheit und die unserer Mitmenschen sowie Umwelt- und Tierschutz miteinander zu verbinden.

Gut für Mensch, Tier und Umwelt

Die Produktion von Fleisch, Milch und Eiern gehört zu den führenden Gründen für die Klimakrise. Um die Umwelt zu schützen, ist eine pflanzliche Ernährung eine effektive und effiziente Lösung.

Pflanzliche Lebensmittel gelten als ressourcen- und umweltschonender als herkömmliche tierische Produkte. Das liegt auch daran, dass die pflanzlichen Erzeugnisse direkt vom Menschen verzehrt werden und nicht den Umweg über die sogenannten Nutztiere machen. Auf unserem Planeten zählt man aktuell rund 70 Milliarden Nutztiere, darunter hauptsächlich Rinder, Schweine und Hühner, welche größtenteils in der sogenannten Massentierhaltung gehalten werden. Diese Tiere werden hauptsächlich mit Soja, Mais und anderen Getreidesorten gefüttert, welche in Massen auf meist gerodeten Regenwaldflächen angebaut werden. Deshalb ist es um ein Vielfaches ressourcenintensiver, tierische Produkte zu konsumieren. In der pflanzlichen Ernährung nimmt man die Kalorien auf direktem Weg auf, so spart man sich Dreiviertel an landwirtschaftlicher Anbaufläche im Gegensatz zur omnivoren Ernährungsform.

In der Tierhaltung, insbesondere der von Wiederkäuern, wie Rinder, Ziegen und Schafe, wird das Treibhausgas Methan in enormen Mengen freigesetzt. Methan ist ein äußerst klimaschädliches Gas und dringt durch den Ausstoß dieser Nutztiere in die Atmosphäre ein. Die Emissionen entstehen zum einen direkt durch den Verdauungsprozess oder die Ausscheidungen der Tiere, zum anderen indirekt durch die Abholzung der Wälder für die Anpflanzung von Futtermitteln und das Gewinnen von Weideflächen. Der Ausstoß der Treibhausgase Methan und Lachgas kann durch eine pflanzliche Ernährung um mehr als 80 % reduziert werden.

Durch die pflanzliche Ernährungsform reduziert man automatisch verschiedenste umweltschädliche Problematiken:

- **Transportwege**
- **Wald- und Flächenrodungen**
- **Bodenschäden**
- **Wasserverschwendung**
- **Wasserverschmutzung**
- **Artensterben**
- **Luftverschmutzung**
- **Klimaschäden**

Heutzutage gibt es bereits schmackhafte und vielfach gesunde Alternativen zu tierischen Erzeugnissen. Deshalb fallt es auch immer mehr Menschen leichter, tierische Lebensmittel in ihrer Küche durch pflanzliche zu ersetzen und in ihren Alltag zu integrieren.

Brain Food

Konzentrationsfördernd & wertvoll

Brain Food zeichnet sich durch konzentrationsförderndes und gesundes Essen aus, welches sich aus vitaminreichen und nährstoffreichen Lebensmitteln in verschiendensten Formen zusammensetzt. Brain Food wird immer beliebter bei Schülerinnen und Schülern, Studierenden und allen anderen, die ihre Konzentration und Gehirnleistung fördern möchten. Stresssituationen im Schul- und Studentenalltag oder im Berufsleben hatten wir wahrscheinlich alle schon das ein oder andere Mal. Ein schneller Griff zum Schokoriegel oder zum Kuchenstück für den Energiekick zwischendurch, denn Zucker ist bekanntlich Nervennahrung und da ist was dran. Unser Gehirn allein verbraucht beispielsweise rund 20 % des aufgenommenen Zuckers. Industriell hergestellter Zucker lässt unseren Blutzuckerspiegel direkt nach dem Verzehr rasch ansteigen, jedoch fällt dieser innerhalb kürzester Zeit auch wieder drastisch ab. Das menschliche Gehirn kann die Glucose nicht speichern und wird nur über unser Blut damit versorgt. Sinkt also der Blutzuckerspiegel, sinkt auch die Leistung unserer Gehirnzellen. Deshalb ist es empfehlenswert, auf eine vollwertige und konzentrationsfördernde Ernährung zu setzen, um effizienter und effektiver zu arbeiten, für mehr Lernerfolg und mehr Konzentrationsvermögen und Merkfähigkeit.

Die Hauptbestandteile von Brain Food sind:

- **Obst**
- **Gemüse**
- **Getreide**
- **Pseudogetreide**
- **Kerne**
- **Samen**
- **Nüsse**
- **Hülsenfrüchte**
- **gesunde Fette und Öle**

Die aufgelisteten Lebensmittel setzen sich aus komplexen Kohlenhydraten, wertvollen Eiweißen, Ballaststoffen, Vitaminen und Mineralstoffen sowie aus gesunden Fetten zusammen. Reichlich Wasser zu trinken und Bewegung an der frischen Luft sind neben einer gesunden Ernährung höchst konzentrationsfördernd.

Höre auf deinen Körper, aber höre richtig hin!

Was unserem Körper guttut, tut auch unserer Seele gut. Aber nicht alles, denn manchmal hören wir auch nur das, was wir hören wollen. Frag dich beim nächsten Griff zum Schokoriegel zuerst, ob du ihn durch etwas Gesünderes ersetzen kannst und welchen gesundheitlichen Wert er für dich hat.

Slow Food

Selbstgemacht schmeckt's am besten

Global denken, lokal essen

Slow Food zeichnet sich durch genussvolles, bewusstes und regionales Essen aus, welches auf traditionellen Herstellungsverfahren und der regionalen Küche basiert. Bei Slow Food handelt es sich um naturbelassenes Essen, welches in aller Ruhe und mit Bedacht genossen wird. Es beschreibt die Gegenbewegung zum uniformen und globalisierten Fast Food. Seine Lebensmittel bei lokalen Produzentinnen und Produzenten zu erwerben und diese damit zu unterstützen ist eine wundervolle Sache für die Menschen, die heimische Wirtschaft und die Umwelt. Egal, ob auf einem Wochenmarkt oder im Biosektor im Supermarkt: Lokale, saisonale und am besten auch noch Bio-zertifizierte Erzeugnisse werden immer beliebter und fördern die regionale Landwirtschaft. Qualität braucht Zeit, deshalb ist es wichtig, saisonal zu denken und die Jahreszeiten mit ihren Schätzen aus der Natur zu genießen. Die lokale Landwirtschaft setzt sich auch oft mit Nachhaltigkeitsprojekten und Themen auseinander, wie zum Beispiel dem Erhalt der Biodiversität.

Probier's mal mit Gemütlichkeit

Am nachhaltigsten, gesündesten und leckersten ist es, wenn man Produkte frisch und selbst kocht. Wir leben jedoch in einer oftmals zu schnellen Welt und nach dem Motto „Zeit ist Geld". Deshalb ist es wichtig, gewisse Rituale zu verlangsamen, um von einem langen Tag herunterzukommen. Sei es das Kochen mit der Familie oder mit Freunden oder auch einfach nur das Essen. Lass dir Zeit und versuche abzuschalten! Denn je mehr Zeit man sich beim Essen lässt, desto besser kann unser Körper die aufgenommene Nahrung verdauen. Ein vollgepackter Alltag lässt dies allerdings nicht immer zu. Es ist daher nicht verwerflich, wenn man manche Lebensmittel wie Nudeln, Hummus, Teige usw. durch gekaufte Produkte ersetzt. Wenn man die restlichen Zutaten frisch zubereitet und trotzdem auf eine ausgewogene und abwechslungsreiche Ernährung setzt, stellt es kein Problem dar.

Was man jedoch beachten sollte, ist, dass die Inhaltsstoffe bei den Lebensmitteln natürlich und ohne Zusatz-, Konservierungs- oder Geschmacksstoffe sind. Beim Einkaufen von Lebensmitteln sollte man darauf achten, dass diese so gering wie möglich verarbeitet, so frisch und regional sowie so saisonal wie möglich sind.

Umweltschutz in der Küche

*Wie du mit ganz einfachen Tricks
dein Kocherlebnis nachhaltiger gestalten kannst!*

Saisonal & regional einkaufen

Saisonale und regionale Produkte beinhalten nicht nur reichlich mehr Nährstoffe, sondern sie sind auch ressourcenschonender und somit um ein Vielfaches nachhaltiger. In unserem Saisonkalender kannst du im Nu herausfinden, welches Obst oder Gemüse gerade Saison hat. Produkte aus der Region beinhalten mehr Nährstoffe, denn desto kürzer der Transportweg, desto gesünder das Produkt. Auch Bio-Produkte sind schonender zur Umwelt und werden nur unter strengen Voraussetzungen hergestellt. Sie verursachen weniger CO_2-Emissionen als herkömmliche Produkte und sind somit gesünder und besser für Mensch, Tier und Umwelt.

Der passende Deckel zum Topf

Kochen ohne Deckel verbraucht das Dreifache an Energie und ist somit energieintensiver. Also, rauf mit dem Deckel und Energie sparen! Auch das Verwenden eines Wasserkochers ist schnell, energiesparend und effizient.

Bewusstsein schärfen

Das eigene Bewusstsein für einen nachhaltigeren Lebensstil schärfen und weitergeben. Denn manchmal sind es die kleinen Schritte, die große Veränderungen mit sich bringen!

Voller Geschirrspüler

Räume deinen Geschirrspüler voll, bevor du ihn einschaltest, denn Abwaschen verbraucht im Durchschnitt mehr Wasser als eine Geschirrspülmaschine.

Re-Use-Einkaufstaschen

Um Mutter Natur etwas Gutes zu tun, gilt es beim Einkaufen eine wiederverwendbare Einkaufstasche und Obstsäckchen zu verwenden – am besten aus Stoff oder Papier.

Treten anstatt aufs Gas stehen

Vermeide es, mit dem Auto zu fahren, vor allem kurze Distanzen. Nimm dir doch lieber dein Fahrrad, das tut der Umwelt und der eigenen Gesundheit gut.

Verpackungsfreier konsumieren

Kunststoff & Co. sind nur schlecht wiederverwendbar und sind deswegen sehr umweltschädlich – deshalb verpackungsfreier einkaufen.

Verwerten anstatt wegschmeißen

Verwerte und verarbeite deine Lebensmittel und plane deine Gerichte, um das Wegschmeißen zu vermeiden.

Obst & Gemüse richtig lagern

Frische und Lebensdauer unserer Lebensmittel optimieren

Kühlschrank	Zimmertemperatur	dunkel & kühl	nicht einfrieren
Blumenkohl, Brokkoli, Eisbergsalat, Erbsen, Frühlingszwiebeln, Karotten, Kohl, Kohlrabi, Kopfsalat, Pilze, Radieschen, Spargel, Spinat	Bohnen, Gurken, Paprika, Tomaten, Zucchini	Auberginen, Kartoffeln, Knoblauch, Kürbis, Zwiebeln	Artischocken, Radieschen, Sprossen, Schalotten, wasserhaltiges Gemüse (Salat, Gurke etc.), Zwiebeln
Erdbeeren, Feigen, Kiwis, Marillen, Pflaumen, Trauben	Zitrusfrüchte, Ananas, Bananen, Mangos	Äpfel, Birnen	

Schädliche Nachbarn

Manche Obst- und Gemüsesorten können sich nicht ausstehen. Der Grund dafür ist das sogenannte Reifegas Ethylen. Einige Lebensmittel reagieren auf dieses Gas äußerst empfindlich, deshalb neigen sie schneller zur Verderbung und die Schimmelbildung wird gefördert.

Vor allem bei Äpfeln ist Vorsicht geboten. Empfohlen ist, diese immer gesondert zu lagern. Einige Obstsorten vertragen sich mit Äpfeln nicht gut, wie zum Beispiel Bananen, Kiwis, Marillen, Feigen und Kirschen. Auch Tomaten geben Ethylen ab. Auberginen, Bohnen, Paprikas, Petersilie, Karotten und Salate reagieren sehr empfindlich auf dieses Gas und verderben deshalb schneller, wenn man sie zusammen mit Tomaten aufbewahrt.

SAISONKALENDER *Gemüse & Obst*

GEMÜSE	JAN	FEB	MÄR	APR	MA
Auberginen					
Blumenkohl					●
Bohnen					
Brokkoli					
Buschbohnen					
Chinakohl	●	●			
Eisbergsalat					
Endivien					
Erbsen					
Feldsalat	●	●	●	●	
Fenchel					
Frühlingszwiebeln					●
Gurken					
Karotten	●		●	●	●
Kartoffeln	●	●	●	●	●
Knoblauch	●	●	●	●	●
Kohl	●	●			
Kohlrabi					●
Kohlsprossen	●	●			
Kopfsalat					●
Kraut	●	●			
Kürbis	●	●	●		
Lauch	●	●	●	●	
Lollo Rosso/Bionda					●
Mairüben					●
Mais					
Mangold					●
Paprika					
Pastinaken	●	●	●	●	
Petersilienwurzeln					
Pilze	●	●	●	●	●
Radicchio					
Radieschen				●	●
Rettich					
Rote Rüben	●	●	●	●	●

JUN	JUL	AUG	SEP	OKT	NOV	DEZ
	●	●	●	●		
●	●	●	●	●	●	
●	●	●	●			
●	●	●	●	●		
●	●	●	●			
		●	●	●	●	●
●	●	●	●	●	●	
	●	●	●	●	●	●
	●	●	●			
				●	●	●
●	●	●	●	●		
●	●	●	●	●		
●	●	●				
●	●	●	●	●	●	●
●	●	●	●	●	●	●
●	●	●	●	●	●	●
●	●	●	●	●	●	●
●	●	●	●	●		
			●	●	●	●
●	●	●	●	●		
●	●	●	●	●	●	●
		●	●	●	●	●
	●	●	●	●	●	●
●	●	●	●	●		
●	●					
	●	●	●			
●	●	●	●	●	●	
	●	●	●	●		
			●	●	●	●
			●	●		
●	●	●	●	●	●	●
			●	●		
●	●	●	●	●		
		●	●	●		
●	●	●	●	●	●	●

GEMÜSE	JAN	FEB	MÄR	APR	MA
Rucola		●	●	●	●
Schwarzwurzel					
Sellerie	●	●	●	●	●
Spargel				●	●
Spinat				●	●
Spitzkohl					●
Stangensellerie					
Tomaten					
Topinambur	●	●	●		
Vogerlsalat	●	●	●	●	
Wirsing	●	●			●
Zucchini					
Zuckerhut					
Zuckerschoten					
Zwiebeln	●	●	●	●	●

OBST	JAN	FEB	MÄR	APR	MA
Äpfel	●	●	●	●	
Birnen	●	●			
Brombeeren					
Erdbeeren					●
Heidelbeeren					
Himbeeren					
Holunderbeeren					
Johannisbeeren					
Kirschen					
Marillen					
Mirabellen					
Pfirsiche					
Preiselbeeren					
Quitten					
Rhabarber					
Stachelbeeren					
Wassermelonen					
Weintrauben					
Zwetschgen					

JUN	JUL	AUG	SEP	OKT	NOV	DEZ
●	●	●		●	●	
				●	●	●
●	●	●	●	●	●	●
	●	●	●	●	●	
●						
●	●	●	●	●		
	●	●	●	●		
				●	●	●
			●	●	●	●
●	●	●	●	●	●	●
●	●	●	●	●		
				●		
●	●	●				
●	●	●	●	●	●	●

JUN	JUL	AUG	SEP	OKT	NOV	DEZ
	●	●	●	●	●	●
					●	●
	●	●	●	●		
●	●	●				
	●	●	●			
●	●	●	●	●		
			●	●		
	●	●				
●	●					
	●	●				
	●	●	●			
	●	●	●			
			●			
				●		
●						
●	●	●				
		●	●			
			●	●		
		●	●			

Obst

Unser liebster Energielieferant

Obst ist sehr reich an essenziellen Ballaststoffen, Nährstoffen und Vitaminen. Aufgrund der hohen Nährstoffdichte liefert es sehr viel Energie und deckt dadurch schnell den Energiehaushalt des Körpers. Obst kann in folgende Kategorien eingeteilt werden:

- **Wildfrüchte**
- **Zitrusfrüchte**
- **Südfrüchte**
- **Kernobst**
- **Steinobst**
- **Beerenobst**
- **Schalenobst**

Obst ist insbesondere sehr reich an Vitamin C, einer der wichtigsten Nährstoffe des menschlichen Körpers. Vitamin C fördert das Immunsystem, verringert Müdigkeit und hilft auch bei der Aufnahme von Eisen, welches sehr wichtig für den Körper ist. Um den Tagesbedarf an Vitamin C zu decken, reicht es schon, wenn man etwa eine Handvoll schwarze Johannisbeeren isst.

Außerdem enthält Obst auch viele wichtige sekundäre Pflanzenstoffe, welche den Zellwachstum im Körper regulieren, das Immunsystem steuern oder sogar schädliche Verbindungen, welche durch Stress, Rauchen, hohe Belastung oder das Altern entstehen, bekämpfen können.

Wie viel Obst sollte man täglich verzehren?

Von Obst kann man grundsätzlich nicht zu viel zu sich nehmen. Sie beinhalten teilweise zwar sehr viel Fruchtzucker, jedoch kann dieser nicht mit industriellem Zucker gleichgestellt werden, da Obst zusätzlich noch wichtige Ballaststoffe, Vitamine und Mineralien mit sich bringt. Durchschnittlich sollte man jedoch knapp zwei bis drei Portionen Obst täglich zu sich nehmen. Eine Portion entspricht etwa einer Handvoll.

Wem es schwer fällt, täglich die empfohlene Menge an Obst zu verzehren, kann ganz leicht mit Smoothies nachhelfen. Einfach frisches oder tiefgefrorenes Obst in einen Mixer geben, für etwa eine Minute mixen und frisch verzehren – und schon ist die empfohlene Menge gedeckt! Es gibt jede Menge Smoothie-Rezepte mit allen beliebigen Früchten. Die Kreativität kennt keine Grenzen, man kann jedes Obst und Gemüse miteinander mischen und erhält jedes Mal aufs Neue eine Geschmacksexplosion voll mit Vitaminen.

Obst ist eine gesunde und vor allem leckere Alternative zu herkömmlichen Süßigkeiten. Man kann es einfach zwischendurch als Snack, zum Frühstück oder als Nachtisch genießen!

Gemüse

Nahrungsmittel mit Superpower

Gemüse hat von allen Lebensmitteln eine der höchsten Nährstoffdichten, weshalb die Hauptzutaten unserer Rezepte größtenteils aus Gemüse bestehen. Es beinhaltet viele Vitamine und Ballaststoffe, welche unsere Gesundheit fördern und uns auf Trapp halten. Gemüse kann in unterschiedliche Pflanzenteile eingeteilt werden:

- **Blätter**
- **Blüten**
- **Früchte**
- **Knollen**
- **Zwiebeln**
- **Sprossen**
- **Stängel**
- **Wurzeln**

Kräuter und Speisepilze sind ebenfalls Gemüsesorten, wobei Pilze genau genommen eine eigene Lebensform sind. Hättest du gewusst, dass Tomaten, Gurken und Paprika aus botanischer Sichtweise zu Obst gehören? Diese Kategorie nennt sich nämlich „Fruchtgemüse“.

Die Kraft im Gemüse

Gemüse sind wahre Wundermittel. Sie bestehen zu 75 bis 95 % aus Wasser und haben einen niedrigen Energiegehalt. Sie bringen jedoch eine Menge an Nährstoffen, Mineralien und Vitaminen mit sich. Dies hat die Folge, dass man eine sehr große Menge an Gemüse essen kann, den Körper dadurch mit sämtlichen wichtigen Nährstoffen versorgt und relativ wenig Kalorien, Fett oder Zucker zu sich nimmt. Gemüse sollte ein Hauptbestandteil des täglichen Speiseplans sein und kann bei regelmäßigem Verzehr Übergewicht und Krankheiten vorbeugen.

Gemüse enthält außerdem sehr viel Ballaststoffe aus Pflanzenfasern. Diese sorgen dafür, dass die Verdauung auf Trab bleibt und der Blutzucker- und Cholesterinspiegel niedrig bleibt. Außerdem binden Ballaststoffe Schadstoffe im Körper und dadurch, dass die Pflanzenfasern den Darminhalt aufquellen lassen, hat man ein längeres Sättigungsgefühl.

Der Verzehr von Gemüse bringt somit nur positive Eigenschaften mit sich und sollte auf dem täglichen Speiseplan nicht fehlen.

Kerne, Samen & Nüsse

Echte Energielieferanten

Nüsse, Samen und Kerne sind zwar klein, jedoch liefern sie sehr viele wichtige Nährstoffe. Aufgrund ihres hohen Gehaltes an ungesättigten Fettsäuren erzeugen sie auch schon in kleiner Menge sehr viel Energie und halten sehr lange satt. Die beinhalteten Omega-3-Fettsäuren fördern den Zellaufbau und stärken das Immunsystem. Außerdem sind die kleinen Wunderlinge reich an Antioxidantien, Proteinen und Ballaststoffen, weshalb sie sich entzündungshemmend verhalten, die Konzentration steigern, sich positiv auf die Herzgesundheit auswirken, Krankheiten vorbeugen und den Cholesterinspiegel senken können. Täglich sollte man etwa eine Handvoll Nüsse essen, um den Körper mit wertvollen Fetten und Ballaststoffen zu versorgen.

Besonders in der pflanzlichen Küche zählen Kerne, Samen und Nüsse zum Alltag, da sie eine einfache Möglichkeit sind, den täglichen Nährstoffbedarf des Körpers zu decken. Man kann sie im Granola, als Topping auf Salaton oder im Müsli verwenden: Diese kleinen Superfoods besitzen einen hohen Stellenwert in der pflanzlichen Kulinarik.

Es gibt sehr viele unterschiedliche Nüsse, Samen und Kerne, welche auch (leider) nicht immer regional sind und einen langen Transportweg hinter sich haben, bis sie dann schließlich auf unserem Teller landen. Aufgrund dessen haben wir hier eine kleine Liste von regionalen und heimischen Nüssen, Samen und Kernen angeführt:

- **Leinsamen**
- **Hanfsamen**
- **Kürbiskerne**
- **Walnüsse**
- **Haselnüsse**
- **Sonnenblumenkerne**

Getreide & Hülsenfrüchte

Sättigend & proteinreich

Getreide

Getreide zählt zu einer der ältesten Lebensmittel und ist essenziell, um die Weltbevölkerung zu ernähren. Am meisten werden Weizen, Reis und Mais angebaut. Getreidekörner bestehen zu einem sehr großen Teil aus Stärke, was bedeutet, dass Getreide einen hohen Ballaststoff-, Kohlenhydrat-, Kalzium- und Vitamingehalt hat. Um alle Vorzüge des Getreides genießen zu können und den Körper optimal mit Nährstoffen langanhaltend zu versorgen, sollte man hauptsächlich Vollkorngetreideprodukte zu sich nehmen. Der Unterschied zu „weißen" Getreideprodukten besteht darin, dass beim Vollkorn der Keim inklusive der Hülle gemahlen wird, denn dort stecken die ganzen Nährstoffe drin, wie Eisen, Magnesium oder Vitamin B. Aus diesem Grund haben wir uns dazu entschieden, ausschließlich Vollkorngetreideprodukte in den Rezepten zu verwenden.

Pseudogetreide

Amaranth, Buchweizen oder Hanfsamen werden als Pseudogetreide betitelt, da sie zu ganz anderen Pflanzenfamilien, wie beispielsweise Weizen, gehören. Die Verwendung der beiden unterschiedlichen Kategorien in der Küche ist jedoch sehr ähnlich, weshalb man sie oft alle gemeinsam als Getreide bezeichnet. Pseudogetreide enthält kein Gluten und ist daher für Menschen, welche keine glutenhaltigen Nahrungsmittel vertragen, eine sehr gute Alternative. Es gibt eine große Vielfalt an Pseudogetreiden:

- **Amarant**
- **Quinoa**
- **Buchweizen**
- **Hanf**
- **Chiasamen**
- **Leinsamen**

Hülsenfrüchte

Hülsenfrüchte sind der Eiweißlieferant in einer pflanzlichen Ernährung, weshalb sie aus unserem Kochbuch kaum wegzudenken sind. Neben der hohen Dichte an Proteinen enthalten sie ebenfalls viele Vitamine, Ballaststoffe, Eisen, Magnesium und Kalium. Sie bieten sich perfekt als Beilage an, passen gut in Suppen oder können sogar als proteinreicher Brotaufstrich verwendet werden. Wir haben in unseren Rezepten viele unterschiedliche Hülsenfrüchte verwendet, damit es einem leichter fällt, den Eiweißhaushalt vielfältig und einfach decken zu können. Zu den Hülsenfrüchten zählen:

- **Linsen in verschiedenen Sorten**
- **Bohnen in verschiedenen Sorten**
- **Erbsen**
- **Kichererbsen**

Zucker & Alternativen

Süßen, aber gesund!

Industrieller Zucker

Raffinierter Zucker, oder auch Industriezucker genannt, besitzt keine Nährstoffe oder Vitamine, dafür eine Menge leere Kalorien. Der menschliche Körper benötigt zwar Zucker, um funktionieren zu können, jedoch kann er den täglichen Zuckerbedarf auch einfach durch gesunde Lebensmittel stillen, wie beispielsweise durch Obst, Gemüse, Reis oder Haferflocken. Aus diesem Grund ist es zu empfehlen, den Konsum von Produkten mit industriellem Zucker so niedrig wie möglich zu halten und am besten auf frische und süße Alternativen wie Obst zurückzugreifen.

Der gewöhnliche weiße Haushaltszucker, wie man ihn im Supermarkt erwerben kann, wird aus Zuckerpalmen, Zuckerrohr oder Zuckerrüben gewonnen. Fruchtzucker kommt zu einem sehr großen Teil in Obst, aber auch Gemüse vor und lässt den Blutzucker etwas langsamer ansteigen als Haushaltszucker, was sich unter anderem positiv auf Diabeteserkrankte auswirkt. Jedoch sollte man trotzdem die Menge immer gering halten und darauf achten, dass man nicht zu viel Zucker konsumiert, denn dies kann zu unzähligen Krankheiten wie Übergewicht, einer Fettleber oder Karies führen. Traubenzucker, oder auch Einfachzucker, kann der Körper am einfachsten durch Kohlenhydrate wie Brot, Nudeln oder Reis aufnehmen. Traubenzucker geht sehr schnell über den Darm ins Blut und von dort ins Gehirn und liefert Energie. Der Nachteil hierbei ist, dass, so schnell wie die Energie kommt, sie auch wieder weg ist. Der Blutzuckerspiegel sinkt nämlich in etwa der gleichen Geschwindigkeit, wie er gestiegen ist.

Natürliche Süßungsmittel

Eine gute und vor allem gesündere Alternative zu industriellem Zucker sind natürlich Süßungsmittel. Dadurch, dass dieser Zucker nicht direkt und ungefiltert in den Körper gelangt, sondern sich beispielsweise als Stärke in Kartoffeln „versteckt“, dauert es etwas länger, bis der Zucker im Gehirn ankommt.Er hält dafür den Blutzuckerspiegel auch länger und flacht langsam wieder ab. Zusätzlich bieten natürliche Süßungsmittel den Vorteil, dass sie oft wichtige Antioxidantien und Nährstoffe beinhalten, welcher industrieller Zucker nicht bieten kann. Zu den natürlichen Süßungsmitteln zählen folgende:

- **Apfeldicksaft**
- **Ahornsirup**
- **Trockenfrüchte**
- **Obst, wie Bananen**

Gesunde Fette & Öle

Geschmacksträger

Wenn man an Fette und Öle denkt, kommen einem vermutlich als erstes ungesunde und in Fett getränkte Speisen, welche dem Körper schaden, in den Sinn. Jedoch gibt es auch gesunde Fette, die sogar lebensnotwendig für unseren Körper sind.

Außerdem sind Fette und Öle ausgezeichnete Geschmacksträger, spielen beim Kochen eine sehr wichtige Rolle und sollten daher auch nicht vernachlässigt werden. Gesunde Öle liefern dem Körper Energie und fördern den Zellaufbau der Organe.

Man unterscheidet grundsätzlich zwischen gesättigten und ungesättigten Fettsäuren, wobei die ungesättigten Fettsäuren essenziell für den Körper sind. Oft kann auch durch die Festigkeit und Konsistenz der Fette und Öle festgestellt werden, ob es sich um gesättigte oder ungesättigte Fette handelt. Schließlich geht man davon aus, je gesättigter die Fettsäuren, desto fester die Konsistenz. Gesättigte Fettsäuren findet man häufig in tierischen Lebensmitteln und wirken sich schlecht auf den Cholesterinspiegel aus oder können sogar Herzkrankheiten verursachen.

Gesunde Fette findet man beispielsweise in Nüssen oder aber auch in Leinsamen oder Chiasamen, welche wichtige Omega-3- und Omega-6-Fettsäure-Lieferanen sind. Folgende Fette bestehen zu einem sehr großen Teil aus ungesättigten Fettsäuren und sind daher wichtig und gut für den Körper:

- **Walnussöl**
- **Haselnussöl**
- **Olivenöl**
- **Leinöl**
- **Rapsöl**

Pflanzliche Alternativen

Gesund & schmackhaft ohne tierische Produkte

Milchalternativen

Pflanzendrinks werden aus allen möglichen Getreide-, Nuss- oder Gemüsesorten hergestellt. Ganz egal, ob Hafer-, Mandel-, Erbsen- oder Dinkeldrink, mittlerweile gibt es für jeden Geschmack den richtigen Pflanzendrink. Jedoch sind nicht alle Pflanzendrinks gleich umweltschonend. Man sollte dabei besonders darauf achten, dass man Pflanzendrinks aus Getreide-, Nuss- oder Gemüsesorten konsumiert, welche auch bei uns angebaut werden. Die Ökobilanz von Hafer-, Hanf- oder Sojadrinks ist somit am besten. Meiden sollte man Mandel- oder Kokosmilchsorten, da diese meistens in den USA oder Asien hergestellt werden, somit einen langen Transportweg nach Europa haben und meistens auch einen sehr hohen Wasserverbrauch für die Produktion aufweisen. Wir haben uns daher in unseren Rezepten dafür entschieden, hauptsächlich folgende pflanzliche Milchsorten zu verwenden:

- **Pflanzendrink**
- **Haselnussdrink**
- **Sojadrink**
- **Hanfdrink**
- **Dinkeldrink**

Eine pflanzliche Sahne ist in wenigen Schritten sehr einfach selbst hergestellt und kann nahezu gleich wie eine Sahne aus tierischer Milch verwendet werden. Mittlerweile gibt es im Supermarkt sogar pflanzliche Sahne zum Schlagen zu kaufen, welche ganz einfach aufgeschlagen und zu Kuchen etc. gegessen werden kann.

Eialternativen

Eier sind in unserer Gesellschaft, genauso wie andere tierische Produkte, weit verbreitet. Das Hühnerei wird oft in Kuchen als Bindemittel verwendet, damit dieser an Stabilität gewinnt und somit seine Form behält. Anstelle von Eiern kann man in Kuchenrezepten jedoch auch Apfelmus, Bananenpüree oder Leinsamen verwenden. Wir verwenden vielfach Leinsamen, da diese in Verbindung mit Wasser aufquellen und eine ähnliche Bindefähigkeit wie Eier entwickeln und somit den Kuchen sehr luftig und stabil machen. So oder so, es lässt sich auch problemlos ohne Eier mit natürlichen Alternativen kochen und backen. Wusstet ihr, dass beispielsweise nur eine halbe Banane ein ganzes Ei ersetzt? Apfelmus hinterlässt im Gegensatz zur Banane nach dem Backen keinen dominanten Eigengeschmack und bei Leinsamen handelt es sich um ein wahres Wundermittel. Sie eignen sich gut für Vollkorngebäck und andere Backwaren.

Die folgenden Produkte dienen als Bindemittel und machen den Kuchenteig noch cremiger, luftiger und saftiger:

- **Apfelmus**
- **Bananen**
- **Leinsamen**

Butteralternativen

Wir verwenden in unseren Rezepten keine tierische Butter aus Kuhmilch, sondern Butter aus pflanzlichen Ölen. Diese ist nicht nur umweltfreundlicher als tierische Butter, sondern kann auch gesünder sein. Sie beinhaltet nämlich oft mehr ungesättigte Fettsäuren als die tierische Version. Die besten Butteralternativen zum Kochen und Backen sind:

- **Walnussöl**
- **Haselnussöl**
- **Sonnenblumenöl**
- **Olivenöl**
- **Leinöl**
- **Rapskernöl**
- **pflanzliche Butter**

Nussmus

Mit Nussmus lässt es sich richtig gut und vollwertig kochen und backen. Das Besondere an Nussmus ist, dass es hauptsächlich aus pürierten Nusssorten besteht und voller gesunder Fette und Proteine ist. Egal, ob pur, in Salatsaucen, in Kuchen und anderen Backwaren, im Müsli, in Saucen oder als Topping: Von Nussmus können wir einfach nicht genug bekommen.

Das Besondere an Nussmus ist, dass die Nüsse zuerst geröstet und dann gemahlen werden. Der Röstprozess bringt das herrliche Aroma stark zur Geltung. Für den Geschmack ist es entscheidend, dass die gerösteten Nüsse direkt danach weiterverarbeitet und als Mus abgefüllt werden. Nussmus ist eine gesunde Quelle vieler Nährstoffe und Vitamine, welche gut für Gehirnfunktion, Nerven, Herz und unser Sättigungsgefühl, dank der zahlreichen Ballaststoffe und Proteine, sind.

- **Haselnussmus**
- **Sesammus**
- **Walnussmus**
- **Kürbiskernmus**
- **Erdnussmus**
- **Pistazienmus**

Frühling

Brokkoli-Spinat-Suppe

mit Gartenkräutercroutons

Zubereitung: 30 Minuten

Zutaten

für 4 Personen

für die Suppe
1 Brokkoli
250 g Spinat
3 Zwiebeln
200 ml Hafersahne (siehe Rezept auf Seite 202)
800 l Gemüsebrühe (siehe Rezept auf Seite 198)
1 EL Olivenöl
geriebene Muskatnuss
Salz, Pfeffer

für die Croutons
Brot vom Vortag
1 Knoblauchzehe
Thymian
Rosmarin
Basilikum
Salz, Pfeffer

Zubereitung

Die Zwiebeln schälen, gemeinsam mit dem Brokkoli in grobe Stücke schneiden und in einem großen Topf in etwas Olivenöl anbraten. Den Spinat dazugeben und für etwa 1 bis 2 Minuten schmoren lassen.

Die Gemüsebrühe hinzugeben und zum Kochen bringen. Bei mittlerer Hitze köcheln lassen, bis der Brokkoli weich ist.

Anschließend mit einem Pürierstab die Suppe pürieren und die Hafersahne hinzugeben und vermischen. Mit Salz, Pfeffer und Muskatnuss abschmecken und bei niedriger Hitze weiter köcheln lassen.

Währenddessen für die Gartenkräutercroutons das Brot in kleine Würfel schneiden und Knoblauch, Thymian, Rosmarin und Basilikum fein hacken. Das Brot und die Kräuter in eine vorgeheizte Pfanne mit etwas Olivenöl geben und braten lassen, bis das Brot goldbraun und knusprig ist. Darauf achten, dass die Kräuter nicht verbrennen.

Nun die Suppe in Suppenschüsseln servieren und mit den Kräutercroutons sowie optional mit etwas Hafersahne garnieren.

Pikante Waffeln

mit fruchtiger Tomatensalsa

Zubereitung: 30 Minuten

Zutaten

für 4 Personen

für die Waffeln
200 g Spinat
300 ml Pflanzendrink
(siehe Rezept auf Seite 209)
240 g Dinkelvollkornmehl
4 EL Semmelbrösel
2 TL Backpulver
4 EL Rapsöl
Salz, Pfeffer

für die Tomatensalsa
200 g frische Tomaten
1 Schalotte
1 EL Olivenöl
1 EL Limettensaft
½ Bund Petersilie
Salz, Pfeffer

Zubereitung

Den Spinat in grobe Stücke schneiden und mit den restlichen Waffelzutaten in einer Schüssel gut vermischen. Mit Salz und Pfeffer abschmecken.

Für die Tomatensalsa die frischen Tomaten in kleine Würfel schneiden und einen kleinen Topf vorheizen. Die Schalotte fein hacken und mit etwas Olivenöl im Topf glasig dünsten. Anschließend die Tomaten hinzugeben und für etwa 5 Minuten köcheln lassen. Nun gehackte Petersilie und Limettensaft hinzugeben. Mit Salz und Pfeffer abschmecken.

Ein Waffeleisen vorheizen, etwas Rapsöl hinzugeben und den Teig in das Waffeleisen geben. So lange backen, bis die Waffeln schön goldgelb werden.

Nun die Waffeln mit der Tomatensalsa servieren.

Regenbogensalat

mit Walnüssen

Zubereitung: 15 Minuten

Zutaten

für 4 Personen

für den Salat
3 Karotten
2 Äpfel
200 g Rotkohl
200 g Fenchel
100 g Radieschen
1 Bund glatte Petersilie
1 Handvoll Walnüsse

für das Dressing
2 EL Sesammus
2 EL Apfelessig
1 TL Apfeldicksaft
2 TL Dijonsenf
2 EL Orangensaft
1 EL Olivenöl
½ Zitrone
1 kleine Knoblauchzehe
etwas glatte Petersilie
Salz, Pfeffer

Zubereitung

Den Knoblauch schälen und halbieren. Die Petersilie fein hacken. Tahini, Apfelessig, Apfeldicksaft, Dijonsenf, Orangensaft, Olivenöl, Saft von einer halben Zitrone, Knoblauch, Petersilie, Salz und Pfeffer in eine Tasse geben und verrühren. Den Knoblauch nun für etwa eine halbe Stunde im Dressing ziehen lassen.

Karotten und Äpfel schälen und in Julienne schneiden. Rotkohl und Fenchel in feine Streifen hobeln. Die Petersilie fein hacken, alles zusammen in eine große Schüssel geben. Den Knoblauch aus dem Dressing entfernen, über den Salat gießen und gut vermengen.

Walnüsse und etwas Petersilie fein hacken und zum Servieren über den Salat geben.

Taboulé

mit frischer Petersilie und Granatapfelkernen

Zubereitung: 20 Minuten

Zutaten

für 4 Personen

8 Bund glatte Petersilie
80 g Couscous
100 g Walnüsse
1 Granatapfel
Saft von 2 Zitronen
1 EL Olivenöl
Salz

Zubereitung

Die Petersilienblätter fein hacken, in eine Schüssel geben und mit Zitronensaft, Olivenöl und Salz marinieren.

Die Walnüsse grob hacken und die Granatapfelkerne aus dem Granatapfel lösen. Die Hälfte der Walnüsse und Granatapfelkerne zur Petersilie hinzufügen und alles gut miteinander vermengen.

Den Couscous mit 160 ml heißem Wasser und einer Prise Salz ziehen lassen.

Die Petersilienmischung auf die Teller geben, den Couscous in 4 kleine Förmchen füllen und auf die Petersilienmischung stürzen. Mit den übrigen Granatapfelkernen und Walnüssen garnieren.

Bärlauchgnocchi

auf Tomaten-Paprika-Ragout

Zubereitung: 90 Minuten

Zutaten

für 4 Personen

für die Gnocchi
100 g Bärlauch
500 g Kartoffeln
300 g Dinkelvollkornmehl
1 TL Salz
¼ TL geriebene Muskatnuss
etwas Olivenöl
etwas Mehl zum Bestäuben

für das Ragout
300 g Tomaten
1 Paprika
2 Knoblauchzehen
2 EL Tomatenmark
1 Handvoll Basilikum
2 EL Olivenöl
Salz, Pfeffer

Zubereitung

Kartoffeln schälen und in Salzwasser gar kochen. Anschließend durch die Kartoffelpresse drücken und ausdampfen lassen. Den Bärlauch mit einem Schuss Olivenöl in einem Hochleistungsmixer oder mit einem Stabmixer fein pürieren. Mehl, Bärlauchpaste, Salz und Muskatnuss mit den Kartoffeln verkneten. Falls der Teig zu klebrig ist, einfach etwas mehr Mehl einarbeiten. Teig halbieren und auf der bemehlten Arbeitsfläche in zwei gleichmäßige Stränge ausrollen. Die Gnocchi mit einer Teigkarte von den Strängen wegstechen. Danach jedes Gnocchi mit dem Daumen über eine Gabel rollen. Die Gnocchi im Salzwasser vorsichtig kochen. Wenn die Gnocchi schwimmen, mit einer gelöcherten Kelle aus dem Wasser nehmen.

Für das Ragout Tomaten und Paprika in Würfel schneiden. Die Knoblauchzehen schälen und fein hacken. In einer vorgeheizten Pfanne den Knoblauch mit etwas Olivenöl anbraten und anschließend Tomatenmark und die Tomaten- und Paprikawürfel hinzugeben. Alles bei mittlerer Hitze köcheln lassen und mit Basilikum, Salz und Pfeffer abschmecken.

Das Tomaten-Paprika-Ragout auf einen Teller geben und die Gnocchi darauf verteilen.

Brain Food Bowl

mit Sesamdressing

Zubereitung: 20 Minuten

Zutaten

für 4 Personen

für die Bowl
1 Kohlrabi
1 Brokkoli
200 g Babyspinat
200 g Linsen
1 Dose Käferbohnen
100 g Walnüsse
4 EL schwarzer Sesam

für das Topping
2 EL Tahini
1 Knoblauchzehe
2 EL Olivenöl
2 EL Zitronensaft
1 EL Apfeldicksaft
Salz, Pfeffer

Zubereitung

Die Linsen nach Verpackungsanweisung gar kochen. Währenddessen das Topping zubereiten. Hierfür Tahini, Olivenöl, Zitronensaft und Apfeldicksaft in einen Behälter geben und verrühren. Die Knoblauchzehe schälen, halbieren und eine halbe Stunde im Topping ziehen lassen.

Den Kohlrabi schälen und in mundgerechte, 0,5 cm dicke Scheiben schneiden. Den Brokkoli in kleine Röschen schneiden und gemeinsam mit dem Kohlrabi in einem Dampfkochtopf oder Wasserbad dämpfen, bis sie gar sind.

Die Walnüsse grob hacken. Die Käferbohnen abspülen und abtropfen lassen. Die Knoblauchzehe aus dem Topping entfernen. Nun Linsen, Kohlrabi, Brokkoli und Babyspinat in einer Bowl platzieren und mit den Walnüssen, schwarzem Sesam und dem Topping servieren.

Tipp: Die Bowl kann nach Belieben anstatt den Linsen auch mit einer anderen Kohlenhydratquelle zubereitet werden, wie beispielsweise Reis, Couscous, Bulgur, Hirse etc.

Frühlingspizza

Marinara

Zubereitung: 110 Minuten

Zutaten

für 4 Pizzen

für den Pizzateig
½ Würfel Hefe
500 ml lauwarmes Wasser
750 g Dinkelvollkornmehl
15 g Salz

für die Pizzasauce
700 g Tomatenpassata
2 Knoblauchzehen
1 EL Tomatenmark
Oregano
Thymian
Basilikum
Salz, Pfeffer

für den Belag
350 g frische bunte Tomaten
1 Handvoll schwarze Oliven
1 Handvoll Basilikumblätter
100 g grüner Spargel

Zubereitung

Die Hefe in lauwarmen Wasser auflösen. In einer Schüssel Mehl, Salz und die Wasser-Hefe-Mischung zu einem elastischen Teig verkneten. Dann den Teig in der Schüssel 10 Minuten zugedeckt rasten lassen. Anschließend den Teig zu 4 Kugeln formen und zugedeckt noch einmal ca. 1 Stunde rasten lassen.

In der Zwischenzeit die Tomatensauce zubereiten. Knoblauch schälen und fein hacken und in etwas Olivenöl anrösten. Die Tomatensauce hinzufügen, mit den Gewürzen abschmecken und etwas köcheln lassen. Nun den Belag vorbereiten. Tomaten und Oliven in Scheiben schneiden und Spargel in 4 bis 5 cm große Stücke schneiden.

Ein Backblech in den Ofen geben und auf 230 °C Heißluft vorheizen.

Die Teigkugeln auf Backpapier zu runden Böden formen, die Pizzasauce darauf verteilen und mit dem Belag belegen. Die Pizzen für jeweils etwa 10 Minuten im Ofen backen, bis sie knusprig sind.

Mit frischen Basilikumblättern und etwas Olivenöl servieren.

Gemüsestrudel

mit Frühlingsgemüse

Zubereitung: 90 Minuten

Zutaten

für 4 Personen

für den Teig
200 g Dinkelvollkornmehl
20 ml Olivenöl
125 ml lauwarmes Wasser
1 Prise Salz

für die Gemüsefüllung
¼ Brokkoli
2–3 Karotten
1 Zwiebel
2 Knoblauchzehen
300 g Kartoffeln
2 Paprika
100 g grüner Spargel
½ Bund Petersilie
gemahlene Muskatnuss
Salz, Pfeffer

Zubereitung

Die Kartoffeln in einem Topf mit Wasser kochen, bis sie gar sind. Für den Strudelteig Dinkelvollkornmehl, Olivenöl, lauwarmes Wasser und eine Prise Salz in der Küchenmaschine oder von Hand zu einem glatten Teig verkneten. Den Teig anschließend zu einer Kugel formen und in einer geölten Schüssel ca. 30 Minuten bei Zimmertemperatur gehen lassen. Das Backrohr auf 190 °C Ober-/Unterhitze vorheizen.

Brokkoli in kleine Röschen schneiden. In kochendem Salzwasser für etwa 1 Minute blanchieren. Abschrecken und gut abtropfen. Karotten, Zwiebel, Knoblauch und Kartoffeln schälen. Alle Gemüsesorten fein in Würfel schneiden und die Petersilie hacken. Alles in eine Schüssel geben und mit Salz, Pfeffer und Muskatnuss abschmecken.

Strudelteig dünn ausrollen, und dann mit bemehlten Händen vorsichtig dünn auseinanderziehen, sodass der Teig etwas transparent ist. Den Teig vorsichtig auf ein leicht bemehltes Backpapier legen. Die Füllung im unteren Drittel verteilen, dabei einen Rand von etwa 2 cm aussparen.

Die Seiten rechts und links auf die Füllung einschlagen und von unten nach oben mithilfe des Backpapiers zu einem strammen Strudel rollen. Den Strudel mit dem Backpapier auf ein Backblech geben, mit etwas Olivenöl einpinseln und auf mittlerer Schiene für etwa 35 bis 40 Minuten goldbraun backen.

Juwelencouscous

mit buntem Gemüse und Rosinen

Zubereitung: 20 Minuten

Zutaten

für 4 Personen

300 g Couscous
200 g grüner Spargel
100 g Wirsing
3–4 Karotten
100 g gestiftete Mandeln
50 g Rosinen
1 Zwiebel
1 Knoblauchzehe
3 EL schwarzer Sesam
½ Zitrone
3 EL Olivenöl
1 TL Thymian
1 TL Salbei
½ TL Muskatnuss
Salz, Pfeffer

Zubereitung

Den Couscous in eine Schüssel geben, mit 600 ml heißem Wasser aufgießen und ziehen lassen. Die Karotten schälen und in Julienne schneiden. Spargel vom hinteren holzigen Teil befreien. Wirsing in feine Streifen schneiden. Zwiebel grob und Knoblauch fein hacken.

Zwiebel und Knoblauch mit etwas Olivenöl in einer vorgeheizten Pfanne glasig braten. Karotten, Spargel, Wirsing und die gestifteten Mandeln hinzugeben und alles gut anbraten. Den Couscous untermischen, Abrieb von einer halben Zitrone hinzugeben und mit den Gewürzen abschmecken.

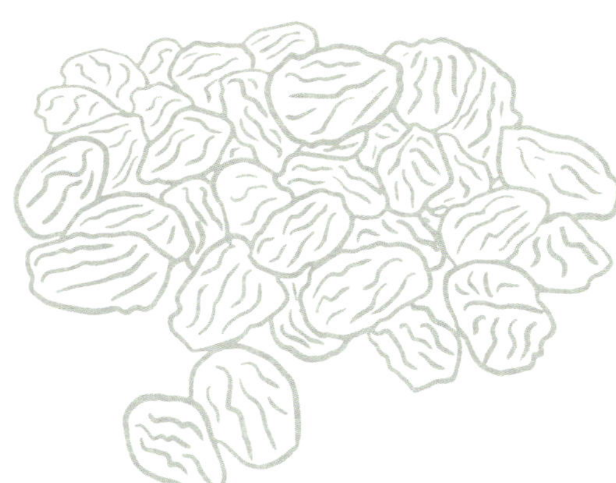

Orecchiette

mit Spinat-Walnuss-Pesto

Zubereitung: 25 Minuten

Zutaten

für 4 Personen

500 g Orecchiette (siehe Rezept auf Seite 205)
80 g Babyspinat
40 g Oliven
40 g Walnüsse
4 EL Olivenöl
½ Zitrone
geriebene Muskatnuss
Salz, Pfeffer

Zubereitung

Für das Pesto Spinat, Oliven, Walnüsse, Olivenöl und den Abrieb und Saft von einer halben Zitrone in einen Food Processor geben und so lange zerkleinern, bis alles eine feine cremige Konsistenz erreicht hat. Mit Salz, Pfeffer und Muskatnuss nach Belieben abschmecken.

Einen Topf Wasser zum Kochen bringen, Salz hinzugeben und die Orecchiette für etwa 12 Minuten kochen, bis sie gar sind.

Das Wasser von den Orecchiette abschütten und die Nudeln gemeinsam mit dem Pesto in einem Topf vermischen. Die Nudeln auf einen Teller geben und mit Walnüssen garnieren.

Tipp: Das Pesto kann auch im Vorhinein schon zubereitet und in kleine Gläser gefüllt werden.
Das Pesto hält im Kühlschrank etwa 3 bis 4 Tage.

Wildkräuter-Polentaschnitten

auf Spinatbett

Zubereitung: 40 Minuten

Zutaten

für 4 Personen

für die Polentaschnitten
200 g Wildkräuter
Bärlauch
Oregano
Löwenzahn
Spitzwegerich
1 Bund glatte Petersilie
1 l Gemüsebrühe (siehe Rezept auf Seite 198)
240 g Polenta
6 EL Olivenöl
8–10 Blätter Salbei
Salz, Pfeffer

für das Spinatbett
200 g frischer Babyspinat
3 EL weißer Balsamicoessig
2 EL Olivenöl
Salz, Pfeffer

Zubereitung

Die Wildkräuter und Petersilie fein hacken. Gemüsebrühe aufkochen und Polenta unter ständigem Rühren vermengen, bis die Masse stockt. Gehackte Wildkräuter und Petersilie zur Polenta hinzugeben. Anschließend die Polentamasse etwa 1 cm dick in eine Springform oder auf ein mit Backpapier ausgelegtes Backblech streichen und für 15 Minuten bei 175 °C Ober-/Unterhitze backen und danach abkühlen lassen.

Eine Pfanne vorheizen, die Polentamasse in Schnitten schneiden und in Olivenöl auf beiden Seiten goldig anbraten. Zum Schluss auch noch die Salbeiblätter auf mittlerer Hitze in Olivenöl knusprig braten.

Für das Spinatbett den Babyspinat auf einen Teller geben, salzen und pfeffern und mit weißem Balsamicoessig und Olivenöl etwas beträufeln. Die Polentaschnitten auf das Spinatbett legen und mit den knusprigen Salbeiblättern garnieren.

Geschichtetes Haferjoghurt

mit Erdbeer-Rhabarberkompott

Zubereitung: 15 Minuten

Zutaten

für 4 Personen

500 g Haferjoghurt (siehe Rezept auf Seite 201)
200 g Rhabarber
200 g Erdbeeren
3 EL Vollrohrzucker
1 EL Zitronensaft
100 g Granola (siehe Rezept auf Seite 195)
70 g Haselnüsse

Zubereitung

Für die Früchtesauce den Rhabarber schälen und in 2 cm große Stücke schneiden. Die Erdbeeren vom Strunk entfernen, gemeinsam mit den Rhabarberstücken in einen Topf geben und aufkochen lassen. Den Zitronensaft und den Vollrohrzucker hinzugeben und alles miteinander köcheln lassen, bis Rhabarber und Erdbeeren weich werden und langsam zerfallen. Nun mit einem Pürierstab gut pürieren, sodass eine feine Sauce entsteht.

Die Haselnüsse fein hacken. In Gläsern das Haferjoghurt abwechselnd mit der Früchtesauce schichten und zum Schluss mit dem Granola und den Haselnüssen garnieren.

Karottenkuchen

mit Pistazientopping

Zubereitung: 70 Minuten

Zutaten

für den Kuchen
250 g Karotten
130 g pflanzliche Butter
90 g Vollrohrzucker
1 Messerspitze Vanillepulver
2 EL Leinsamen
100 g geriebene Mandeln
125 g Dinkelvollkornmehl
1 TL Apfelessig
1,5 TL Backpulver
½ TL Natron
½ TL Zimt
½ TL Kardamom
Salz

für die Glasur
60 g Puderzucker
1 Zitrone
100 g gehackte Pistazien

Zubereitung

Den Backofen auf 180 °C Ober-/Unterhitze vorheizen. Eine 20-cm-Springform vorbereiten und nach Bedarf einölen. Die pflanzliche Butter bereits aus dem Kühlschrank nehmen, sodass sie bis zum Verarbeiten Zimmertemperatur erreicht. Währenddessen die Karotten und Äpfel schälen und fein raspeln.

Die Leinsamen mit 6 EL heißem Wasser in einer kleinen Tasse verrühren und 5 bis 10 Minuten quellen lassen. Die weiche Butter mit Vollrohrzucker, Salz und Vanille so lange mit einem Rührbesen schlagen, bis sie schaumig wird. Anschließend Karotten, Äpfel und die gequollenen Leinsamen unterrühren. Mehl, Mandeln, Zimt, Kardamom, Apfelessig, Backpulver und Natron hinzugeben und alles miteinander verrühren. Den Teig nun in die Springform füllen und für etwa 35 bis 40 Minuten im Ofen backen.

Den Kuchen gut abkühlen lassen. Für die Glasur den Puderzucker und ein paar Spritzer Zitronensaft gut miteinander verrühren. Die Pistazien mit einem Messer grob hacken. Die Glasur auf den Kuchen geben und mit den gehackten Pistazien toppen.

Rhabarber-Erdbeer-Crumble

aus dem Ofen

Zubereitung: 45 Minuten

Zutaten

für 4 Personen

für das Früchtekompott
500 g Rhabarber
350 g Erdbeeren
50 g Vollrohrzucker

für den Crumble
80 g Haferflocken
90 g Dinkelvollkornmehl
100 g pflanzliche Butter
1–2 EL Vollrohrzucker
½ Zitrone
1 Prise Salz

Vanillesauce optional
(siehe Rezept auf Seite 210)

Zubereitung

Den Backofen auf 200 °C Ober-/Unterhitze vorheizen. Den Rhabarber schälen, in etwa 2 cm breite Stücke schneiden und zusammen mit den Erdbeeren und dem Vollrohrzucker in einem Kochtopf vorsichtig erhitzen.

Für den Crumble die Haferflocken mit einem Food Processor etwas zerkleinern. Anschließend zusammen Dinkelvollkornmehl, pflanzliche Butter, Vollrohrzucker, Zitronenabrieb von einer halben Zitrone und eine Prise Salz mit den Händen zu Streuseln verkneten.

Das Früchtekompott in eine ofenfeste Form geben, mit den Streuseln bestreuen und für 25 bis 30 Minuten im Ofen backen, bis der Crumble goldbraun wird.

Den Crumble heiß und optional mit Vanillesauce (siehe Rezept auf Seite 211) oder Eis servieren.

Schoko-Joghurt-Traum

mit frischen Himbeeren

Zubereitung: 50 Minuten

Zutaten

für 4 Personen

für den Schokoteig
250 g Dinkelvollkornmehl
2 EL Kakaopulver
1 Messerspitze Vanillepulver
1,5 TL Natron
1 Prise Salz
90 g pflanzliche Butter
6 EL Apfeldicksaft
30 g Vollrohrzucker
220 ml Pflanzendrink (siehe Rezept auf Seite 209)
1 EL Apfelessig

für die Joghurtcreme
250 g pflanzliches Joghurt (siehe Rezept auf Seite 201)
3 EL Apfeldicksaft
1 Messerspitze Vanillepulver
200 g frische Himbeeren

Zubereitung

Den Backofen auf 200 °C Ober-/Unterhitze vorheizen. Für den Schokoteig die trockenen Zutaten vermengen und anschließend pflanzliche Butter, Apfeldicksaft, Pflanzendrink und Apfelessig hinzugeben und unterrühren. Den Teig auf einem mit Backpapier belegten Backblech verteilen und für 20 bis 25 Minuten backen. Den Teig aus dem Ofen nehmen und abkühlen lassen.

Nun das Joghurt mit Apfeldicksaft und Vanillepulver mischen und etwas aufschlagen. Den Schokoteig zerbröseln und in Gläser füllen. Darüber die Joghurtcreme verteilen und mit den Himbeeren toppen.

Sommer

Karotten-Kohlrabi-Salat

mit fruchtigem Apfel

Zubereitung: 15 Minuten

Zutaten

für 4 Personen

für den Salat
6 Karotten
1 Kohlrabi
1 Apfel
1 Handvoll Haselnüsse
1 Handvoll Petersilie

für das Dressing
2 EL Apfelessig
1 EL Olivenöl
1 TL Apfeldicksaft
Salz, Pfeffer

Zubereitung

Die Karotten und den Kohlrabi schälen und den Apfel vierteln und entkernen. Alles in feine Julienne-streifen schneiden. Die Petersilie hacken und mit dem geschnittenen Gemüse vermengen.

Die Haselnüsse in einer beschichteten Pfanne kurz anrösten, bis sie duften.

Die Zutaten für das Dressing in einer kleinen Tasse vermengen und über den Salat geben.

Alles gut miteinander vermischen. Die gerösteten Haselnüsse noch etwas hacken und abschließend über dem Salat verteilen.

Panzanella

Toskanischer Brotsalat

Zubereitung: 20 Minuten

Zutaten

für 4 Personen

für den Salat
1 gelbe Paprika
1 rote Paprika
350 g reife Tomaten verschiedener Sorten und Farben
300 g Brot vom Vortag
1 TL Olivenöl
Salz

für das Dressing
2 EL Balsamicoessig
2 EL Olivenöl
1 Knoblauchzehe
1 Handvoll Basilikum
Salz, Pfeffer

für das Topping
Basilikum
40 g Pinienkerne

Zubereitung

Für das Dressing Balsamicoessig, Olivenöl, gehackten Basilikum, Salz und Pfeffer miteinander vermischen. Den Knoblauch schälen und halbieren und für etwa 20 Minuten in die Dressingmischung einlegen.

Währenddessen das Brot in grobe mundgerechte Stücke schneiden und in einer vorgeheizten Pfanne in etwas Olivenöl goldbraun braten. Das Brot aus der Pfanne geben und nun die Pinienkerne in der Pfanne leicht anrösten.

Tomaten und Paprika vom Strunk entfernen, in mittelgroße Würfelstücke schneiden und mit dem Brot in einer Schüssel vermengen.

Die Knoblauchzehe aus dem Dressing nehmen, das Dressing über den Salat schütten und alles miteinander vermischen. Die Pinienkerne und Basilikumblätter über den marinierten Panzanella geben und frisch servieren.

Sommersalat

mit Pfirsichen und Wassermelone

Zubereitung: 20 Minuten

Zutaten

für 4 Personen

2 große Fleischtomaten
2 Pfirsiche
200 g Wassermelone
70 g Rucola
30 g Pinienkerne
2 EL Olivenöl
2 EL Balsamicocreme
1 Handvoll Basilikum
Salz, Pfeffer

Zubereitung

Tomaten, Wassermelone und Pfirsiche in dünne Scheiben schneiden. Anschließend die Scheiben auf einem flachen Teller im Kreis schichten und Rucola in die Mitte darauf geben.

Die Pinienkerne in einer vorgeheizten Pfanne mit ein wenig Olivenöl goldbraun anrösten.

Die Basilikumblätter etwas zerzupfen und gemeinsam mit den Pinienkernen und einer Prise Salz und Pfeffer über dem Salat verteilen. Olivenöl und Balsamicocreme über den Salat träufeln und servieren.

Tomatensuppe

mit feinem Basilikum

Zubereitung: 20 Minuten

Zutaten

für 6 Personen

für die Suppe
500 g reife Tomaten
3–4 Zwiebeln
2 Knoblauchzehen
150 g getrocknete Tomaten
2 EL Tomatenmark
1 l Gemüsebrühe (siehe Rezept auf Seite 198)
1 Handvoll Basilikumblätter
1 TL Oregano
1 TL Thymian
1 EL Olivenöl
2 EL Balsamicoessig
1 EL Vollrohrzucker
Salz, Pfeffer

für das Topping
etwas pflanzliche Sahne (siehe Rezept auf Seite 202)
Basilikumblätter

Zubereitung

Tomaten, Zwiebeln, Basilikum und Knoblauch grob schneiden. Zusammen mit den getrockneten Tomaten und dem Tomatenmark in einem vorgeheizten Topf mit etwas Olivenöl andünsten.

Den Vollrohrzucker hinzugeben und karamellisieren. Die Tomatenmischung mit dem Balsamicoessig ablöschen und die Gemüsebrühe in den Topf gießen.

Nun die restlichen Gewürze hinzufügen und für etwa 10 Minuten köcheln lassen. Die Suppe mit einem Stabmixer fein pürieren und optional mit Salz, Pfeffer und Gewürzen abschmecken.

Die Suppe mit einem kleinen Schuss pflanzlicher Sahne und Basilikumblättern garnieren.

Tsatsiki

auf gegrillter Zucchini

Zubereitung: 25 Minuten

Zutaten

für 4 Personen

für das Tsatsiki
500 g pflanzliches Joghurt
(siehe Rezept auf Seite 201)
1 Gurke
2 Knoblauchzehen
1 TL Dill
1 TL Petersilie
1 TL Minze
1 TL Salz

für die Zucchini
2 Zucchini
½ TL Salz
½ TL gemahlener Pfeffer
½ TL Thymian
1 EL Olivenöl

Zubereitung

Die Gurke raspeln, mit einem Teelöffel Salz in eine Schüssel geben und für etwa 10 Minuten stehen lassen. Währenddessen den Knoblauch schälen und fein hacken. Anschließend die geraspelte Gurke in der Schüssel mit einer Hand ausdrücken und das übrige Wasser ableeren. Dies verhindert, dass die Gurke im Tsatsiki stark wässert und somit den Geschmack verwässert. Nun Gurke, Knoblauch und Joghurt miteinander vermischen und noch nach Belieben mit den Gewürzen abschmecken.

Die Zucchini längs in etwa 0,5 cm dicke Streifen schneiden, würzen und auf einem vorgeheizten Grill oder in einer Pfanne in Olivenöl für ein paar Minuten auf beiden Seiten grillen.

Zum Servieren das Tsatsiki auf den Zucchinistreifen verteilen und mit Minzblättern oder Gewürzen nach Belieben garnieren.

Bunte BBQ-Spieße

mit Gemüse und Früchten

Zubereitung: 20 Minuten

Zutaten

für 4 Personen

für die Gemüsespieße
Zucchini
Aubergine
Paprika
Pilze

für die Früchtespieße
Apfel
Pfirsich
Trauben
Birne

für die Marinade
2 TL Curry
1 Prise Chili
5 EL Apfeldicksaft
3 EL Rapsöl
Salz, Pfeffer

Zubereitung

Die Holzspieße in Wasser einlegen, damit sie später beim Grillen nicht verbrennen. Währenddessen das Gemüse und Obst in mundgerechte Scheiben und Stücke schneiden und nach Gemüse und Obst getrennt in zwei Schüsseln geben. Für die Marinade alle Zutaten zusammen in einer kleinen Tasse verrühren und anschließend zum Obst und Gemüse in die Schüsseln hinzugeben. Alles gut miteinander vermischen, sodass auf jedem Stückchen Marinade drauf ist.

Den Grill oder die Pfanne aufheizen und währenddessen das Obst und Gemüse abwechselnd auf die Holzspieße aufspießen. Die Spieße auf den Grill oder in die Pfanne geben und für etwa 10 bis 15 Minuten auf allen Seiten grillen.

Tipp: Die Spieße können natürlich noch mit vielen anderen unterschiedlichen Gemüse- und Obstsorten ergänzt werden, wie beispielsweise Zwiebeln, Fenchel, Kartoffeln, Feigen, Erdbeeren etc. Zu den Spießen können verschiedenste Beilagen und Saucen serviert werden.

Bunte Gnocchi

mit Salbeicreme und Pilzen

Zubereitung: 90 Minuten

Zutaten

für 4 Personen

für die Gnocchi
400 g Rote Bete
500 g Kartoffeln
500 g Dinkelvollkornmehl
¼ TL geriebene Muskatnuss
1 TL Salz
etwas Mehl zum Bestäuben

für die Salbeisahne
250 g Pilze
(Kräuterseitlinge, Steinpilze oder Pfifferlinge)
200 ml Hafersahne (siehe Rezept auf Seite 202)
50 g pflanzliche Butter
½ Zitrone
1 Handvoll Salbeiblätter
Salz, Pfeffer

Zubereitung

Kartoffeln schälen und in Salzwasser gar kochen. Anschließend durch die Kartoffelpresse drücken und ausdampfen lassen. Rote Bete fein in einem Mixer pürieren. Mehl, Rote Bete, Salz und Muskatnuss mit den Kartoffeln verkneten. Falls der Teig zu klebrig ist, einfach etwas mehr Mehl einarbeiten. Teig halbieren und auf der bemehlten Arbeitsfläche in zwei gleichmäßige Stränge ausrollen. Die Gnocchi mit einer Teigkarte von den Strängen wegstechen. Danach jedes Gnocchi mit dem Daumen über eine Gabel rollen. Die Gnocchi im Salzwasser vorsichtig kochen. Wenn die Gnocchi schwimmen, mit einer gelöcherten Kelle aus dem Wasser nehmen.

Für die Salbeisahne die pflanzliche Butter in eine vorgeheizte Pfanne geben und die Salbeiblätter knusprig braten. Die Pilze nach Bedarf in mundgerechte Stücke schneiden und zur Salbeibutter hinzugeben und mitbraten. Mit der Hafersahne ablöschen. Abrieb von einer Zitrone hinzugeben und nach Belieben mit Salz und Pfeffer abschmecken. Die Gnocchi in die Salbeisahne geben, alles unterrühren und servieren.

Französisches Gemüsegratin

mit Gartenkräutern

Zubereitung: 70 Minuten

Zutaten

für 6 Personen

2 Auberginen
2 Zucchini
2 große Fleischtomaten
2 Thymianzweige
1 Rosmarinzweig
3 Knoblauchzehen
3 rote Zwiebeln
1 TL Salz

Zubereitung

Den Backofen auf 180 °C Ober-/Unterhitze vorheizen. Die Zwiebeln und den Knoblauch schälen und gemeinsam mit Thymian und Rosmarin fein hacken. Anschließend alles in einer vorgeheizten Pfanne in etwas Olivenöl für ein paar Minuten anbraten.

Zucchini, Auberginen und Tomaten in etwa 0,5 cm dünne Scheiben schneiden. Die Gemüsescheiben mit Salz und Olivenöl marinieren und kreisförmig in einer ofenfesten Form schichten.

Die Zwiebel-Knoblauch-Kräuter-Mischung über den Gemüsescheiben verteilen und das Gratin für 40 Minuten im Ofen backen.

Gefüllte Pitas

mit Grillgemüse

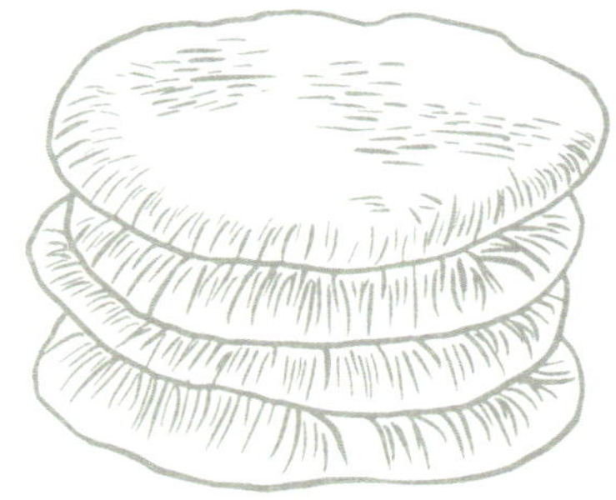

Zubereitung: 30 Minuten

Zutaten

für 4 Pitas

für das Grillgemüse
1 Zucchini
1 rote Paprika
1 gelbe Paprika
1 Aubergine
1 TL Thymian
1 Knoblauchzehe
3 EL Olivenöl
Salz
Pfeffer

sonstige Zutaten
4 Pitabrötchen
1 Bund Petersilie
Kreuzkümmel
Hummus (siehe Rezept auf Seite 187)

Zubereitung

Für das Grillgemüse die Zucchini, Paprika und Aubergine in kleine mundgerechte Stücke schneiden. Thymian und Knoblauch fein hacken und gemeinsam mit dem Gemüse in eine Schüssel geben. Olivenöl, Salz und Pfeffer hinzugeben und alles miteinander vermengen.

Das Grillgemüse kann auf dem Grill, in der Pfanne oder bei 200 °C Ober-/Unterhitze im Ofen für etwa 10 bis 15 Minuten gegrillt werden.

Währenddessen den Hummus nach dem Rezept auf Seite 187 zubereiten.

Die Pitabrötchen kurz auf den Grill, in die Pfanne oder in den Ofen geben, damit sie etwas warm und knusprig werden. Anschließend die Brötchen bis zur Hälfte aufschneiden, sie innen mit Hummus bestreichen und mit Grillgemüse befüllen. Optional mit gehackter Petersilie und Kreuzkümmel bestreuen und servieren.

Sonnenscheinbowl

mit Falafel

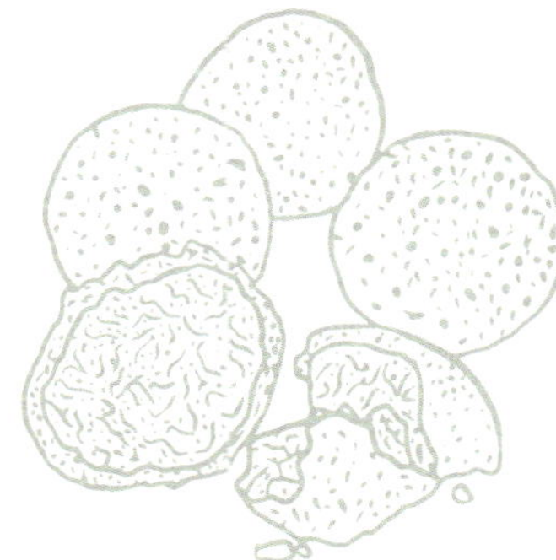

Zubereitung: 45 Minuten

Zutaten

für 4 Personen

für die Falafel
250 g Kichererbsen aus der Dose
1 Bund Koriander
1 Zwiebel
3 Knoblauchzehen
1 TL Kreuzkümmel
2 EL Zitronensaft
Rapsöl zum Anbraten
Salz, Pfeffer

für die Basis
200 g Hirse
4 Karotten
4 Handvoll Vogerlsalat
1 Gurke
2 Paprika
200 g Rote Bete gekocht
Hummus (siehe Rezept auf Seite 187)

für das Topping
1 EL Senf
3 EL Rapsöl
1 EL Apfeldicksaft
1 EL Weißweinessig
Schnittlauch
Salz, Pfeffer

Zubereitung

Für die Falafel Koriander, Zwiebel und Knoblauch ganz fein hacken. Die Kichererbsen mit einem Stabmixer pürieren und anschließend das gehackte Gemüse beigeben. Mit Salz, Pfeffer, Kreuzkümmel und Zitronensaft würzen und alles gut miteinander vermischen.

In eine tiefe Pfanne etwas Rapsöl geben und erhitzen. Aus der Kichererbsenmasse am besten mit den Händen Bällchen formen und sie in das Öl geben und backen. Sobald die Bällchen goldbraun sind, sie aus der Pfanne nehmen und auf einem mit Küchenrolle belegten Teller abtropfen lassen.

Den Hummus nach Rezeptanweisung auf Seite 187 zubereiten. Die Hirse mit der doppelten Menge Wasser, somit 400 ml, und einer kräftigen Prise Salz in einen Topf geben. Bei zugedecktem Topf und hoher Hitze aufkochen lassen. Anschließend die Hitze etwas herunterschalten und für weitere 5 Minuten köcheln lassen. Nun den Topf vom Herd nehmen und die Hirse für etwa 30 Minuten quellen lassen.

Währenddessen die Karotten schälen und in Juliennestreifen schneiden. Den Vogerlsalat waschen. Die Rote Bete in kleine Würfel schneiden. Die Gurke und die Paprika ebenfalls in kleine Würfel schneiden und miteinander vermengen. Für das Dressing alle Zutaten gut miteinander vermischen und verrühren.

Alle Zutaten in einer Bowl anrichten und mit dem Dressing toppen.

Tomaten-Zitronen-Pasta

mit geschmorten Ofentomaten

Zubereitung: 30 Minuten

Zutaten

für 4 Personen

für die Tomatennudeln
500 g Linguine
(siehe Rezept auf Seite 205)
350 g Tomatenstücke aus der Dose
3 Knoblauchzehen
2 EL Tomatenmark
2 EL Balsamicoessig
1 TL Oregano
1 TL Basilikum
1 TL Thymian
1 EL Olivenöl
Salz, Pfeffer

für die Ofentomaten
300 g frische bunte Tomaten
1 Zitrone
Salz, Pfeffer

Zubereitung

Für die geschmorten Ofentomaten den Backofen auf 180 °C Ober-/Unterhitze vorheizen. Die Zitronen halbieren, zusammen mit den frischen Tomaten in ein Backblech oder eine ofenfeste Form geben und mit Olivenöl beträufeln. Die Tomaten für etwa 50 Minuten im Ofen schmoren lassen.

Währenddessen in einem großen Topf Wasser zum Kochen bringen, eine große Prise Salz hinzugeben und die Nudeln nach Packungsanweisung oder Rezeptanleitung (siehe Seite 205) kochen.

Den Knoblauch schälen, fein hacken und in einer vorgeheizten Pfanne gemeinsam mit dem Tomatenmark und etwas Olivenöl kurz anbraten. Anschließend die gestückelten Tomaten und die Gewürze hinzugeben und alles miteinander für ein paar Minuten köcheln lassen.

Die Ofentomaten aus dem Ofen nehmen, die Zitrone auspressen und den Zitronensaft zur Sauce hinzugeben. Die gekochten Nudeln im Topf mit der Sauce gut vermischen, auf einem Teller anrichten und anschließend mit den geschmorten Tomaten aus dem Ofen garnieren.

Zucchini-Kartoffel-Puffer

mit Zitronen-Kräuterdip

Zubereitung: 40 Minuten

Zutaten

für 4 Personen

für die Puffer
350 g Zucchini
350 g Kartoffeln
3 EL Dinkelvollkornmehl
2 EL Leinsamen
1 Zwiebel
Rapsöl

für den Dip
500 g pflanzliches Joghurt
(siehe Rezept auf Seite 201)
2 Knoblauchzehen
1 Handvoll Petersilie
2–3 Thymianzweige
1 Zitrone
Salz

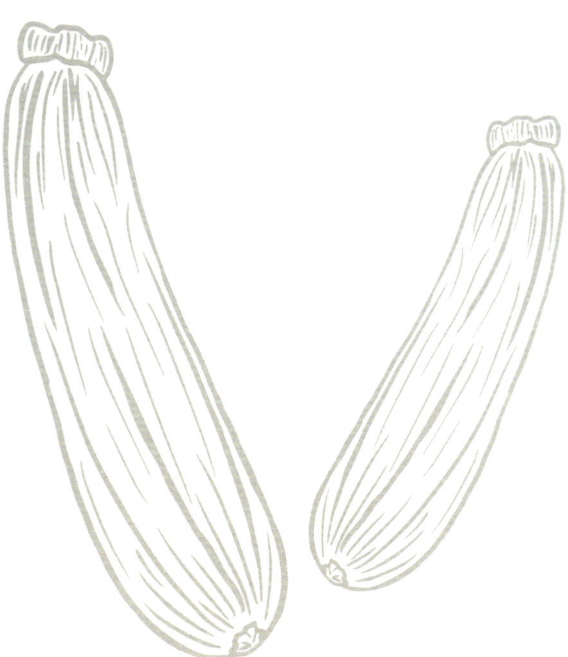

Zubereitung

Die Kartoffeln schälen und gemeinsam mit den Zucchini fein reiben. Die Zwiebel schälen und in kleine Würfel schneiden. Kartoffeln, Zucchini und Zwiebel in eine Schüssel geben und gemeinsam mit dem Mehl und den Leinsamen vermischen. Eine große Pfanne gut aufheizen und Rapsöl hinzugeben. Anschließend mit einem Löffel die Gemüsemasse in die Pfanne geben und flach zu Puffern formen. Beide Seiten goldbraun backen lassen.

Für den Zitronen-Kräuterdip die Knoblauchzehen schälen und fein hacken. Petersilie und Thymian ebenfalls fein hacken. Die Schale der Zitrone mit einer feinen Reibe abreiben und den Saft auspressen.

Alle Zutaten gemeinsam in einer kleinen Schüssel vermischen und mit Salz und gegebenenfalls mehr Kräutern nach Belieben abschmecken.

Die Zucchini-Kartoffel-Puffer auf den Tellern stapeln und den Zitronen-Kräuterdip dazu servieren.

Beerentarte

mit Hafermürbteig

Zubereitung: 60 Minuten

Zutaten

für den Boden
100 g Hafermehl oder Haferflocken
50 g Dinkelvollkornmehl
150 g gemahlene Mandeln
3 EL Maisstärke
1 Messerspitze Zimtpulver
4 EL Apfeldicksaft
50 g zimmerwarme pflanzliche Butter
Salz

für die Füllung
320 g gemischte Beeren
Brombeeren
Himbeeren
Blaubeeren
½ Zitrone
50 g Vollrohrzucker
2 Messerspitzen Vanillepulver
1 EL Maisstärke

Zubereitung

Den Backofen auf 160 °C Umluft vorheizen. Für den Boden die Zutaten in eine Schüssel geben und verrühren. 1 EL Wasser hinzugeben und mit den Händen kneten. Wenn der Teig noch zu bröselig und trocken ist, noch etwas Wasser hinzugeben. Etwa ein Fünftel des Teiges für die Dekoration in den Kühlschrank beiseite geben. Den restlichen Teig in eine Tarteform geben, an den Seiten hochziehen und mit den Fingern ebenmäßig flach drücken. Den Boden mit einer Gabel mehrmals einstechen. Ein Stück Backpapier rund ausschneiden und auf den Teig legen, optimal mit Backerbsen blind backen. Für etwa 5 Minuten backen. Die Tarte aus dem Ofen nehmen. Den restlichen Teig ausrollen und mit kleinen Keksförmchen ausstechen.

Werden für die Füllung tiefgefrorene Beeren verwendet, muss man die Beeren mit dem Vanillepulver, der Maisstärke, dem Vollrohrzucker und dem Abrieb von einer halben Zitrone in einen kleinen Topf geben und langsam während ständigem Rühren erhitzen, bis die Beeren langsam Saft verlieren, dann den Topf vom Herd nehmen. Werden für die Füllung frische Beeren verwenden, kann man diese direkt in eine Schüssel geben und ebenfalls mit den übrigen Zutaten vermengen. Anschließend die Beerenmischung auf der Tarte verteilen und mit dem ausgestochenen Teig verzieren. Im Ofen auf mittlerer Schiene bei 20 Minuten backen. Sollte der Rand der Tarte nach einiger Zeit zu dunkel werden, die Tarte mit Alufolie abdecken und weiter backen. Die Tarte aus dem Ofen nehmen, lauwarm abkühlen lassen, in Stücke schneiden und servieren.

Gebackene Pfirsichhälften

mit Hafercrumble

Zubereitung: 25 Minuten

Zutaten

für 4 Personen

4 Pfirsiche
3 EL Apfeldicksaft
4 EL Haferflocken
2 EL gemahlene Mandeln
Salz

Zubereitung

Den Backofen auf 170 °C Umluft vorheizen.
Die Pfirsiche waschen, halbieren und den Stein entfernen. Für die Streusel Haferflocken, gemahlene Mandeln, Apfeldicksaft und eine Prise Salz in eine kleine Schüssel geben und vermengen.

Die Streusel gleichmäßig auf den Pfirsichhälften verteilen und für 15 bis 20 Minuten backen. In den letzten Minuten gut darauf achten, dass die Streusel nicht zu dunkel werden. Nach der Backzeit die Pfirsiche aus dem Ofen nehmen, kurz abkühlen lassen und noch warm servieren.

Hirseauflauf

mit Kirschen und Walnüssen

Zubereitung: 120 Minuten

Zutaten

für 6 Personen

200 g Hirse
550 ml Pflanzendrink
(siehe Rezept auf Seite 209)
½ TL Vanillepulver
1 TL Zimt
½ TL Kardamom
4 EL Apfeldicksaft
4 EL Vollrohrzucker
50 g gehackte Walnüsse
150 g Kirschen
Salz

Zubereitung

Die Hirse in der doppelten Menge Wasser für 1 bis 2 Stunden ziehen lassen. Absieben und abtropfen lassen. Die Hirse mit dem Pflanzendrink, einer Prise Salz, dem Vanille-, Zimt- und Kardamom-Pulver, dem Vollrohrzucker und dem Apfeldicksaft in einem Topf vorsichtig aufkochen lassen. Hitze reduzieren und fünf Minuten weiterköcheln lassen. Den Topf vom Herd nehmen und die Hirse 10 Minuten quellen lassen.

Den Backofen auf 180 °C Umluft vorheizen. Eine ofenfeste Auflaufform einfetten. Die gehackten Walnüsse in etwas Apfeldicksaft anrösten. Die Kirschen in die Hirsemasse unterrühren und in die Auflaufform geben. Zum Schluss das Walnusstopping auf dem Auflauf verteilen und für ca. 20 Minuten backen, bis der Auflauf goldbraun wird.

Nicecream

Schoko, Heidelbeer und Tonka-Vanille

Zubereitung: 10 Minuten

Zutaten

für 4 Personen

für die Basis
4 tiefgefrorene Bananen in Stücke geschnitten

Schoko
100 g Schokolade
50 ml Pflanzendrink
(siehe Rezept auf Seite 209)

Heidelbeer
200 g Heidelbeeren
50 ml Pflanzendrink
(siehe Rezept auf Seite 209)

Tonka-Vanille
1 Messerspitze Vanillepulver
1 Messerspitze Tonkapulver
50 ml Pflanzendrink
(siehe Rezept auf Seite 209)

Zubereitung

Für die Nicecream am besten schon 24 Stunden zuvor sehr reife Banane in Stücke schneiden und einfrieren.

Die gefrorenen Bananenstücke mit dem Pflanzendrink in einen Hochleistungsmixer geben und die Zutaten für die unterschiedlichen Geschmacksrichtungen Schoko, Heidelbeer oder Tonka-Vanille hinzugeben und alles so lange mixen, bis ein cremiges Eis entsteht. Wenn die Bananen nicht cremig werden, einfach noch ein bisschen Pflanzendrink hinzugeben.

Die Nicecream in Eisgläsern servieren und sofort verzehren, da sie sehr schnell schmilzt.

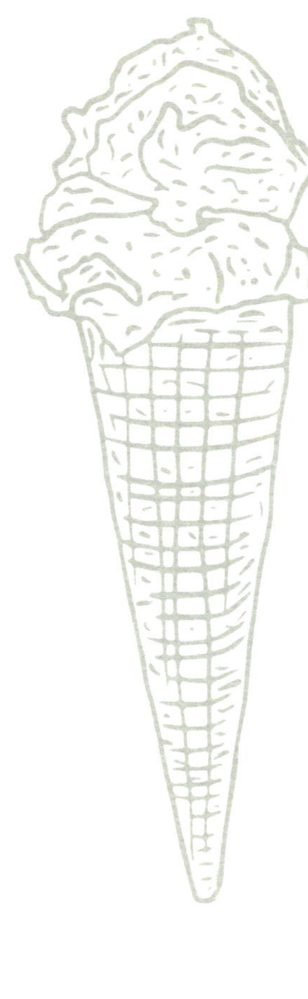

Zitronenkuchen

mit frischer Zitronenglasur

Zubereitung: 70 Minuten

Zutaten

für den Kuchen
300 g Dinkelvollkornmehl
200 g Vollrohrzucker
1 Päckchen Backpulver
1 Messerspitze Vanillepulver
100 ml Pflanzendrink
(siehe Rezept auf Seite 209)
100 ml Rapsöl
3 Zitronen

für die Glasur
100 g Puderzucker
4 EL Zitronensaft

Zubereitung

Den Backofen auf 180 °C Ober-/Unterhitze vorheizen. Die Kastenform mit etwas Öl einfetten, damit der Kuchen später nicht kleben bleibt. Mit einer feinen Reibe die Schale von 3 Zitronen abreiben und den Saft auspressen.

Nun alle trockenen Zutaten für den Teig in einer Küchenmaschine vermengen. Die feuchten Zutaten hinzufügen und alles gut für etwa 5 Minuten durchrühren. Nun in die Kastenform füllen und etwa für 50 bis 60 Minuten backen.

Den Kuchen komplett abkühlen lassen und dann aus der Form stürzen. Für die Glasur den Puderzucker und den Zitronensaft mit einer Gabel glattrühren und auf dem Kuchen verteilen.

Herbst

Champignoncremesuppe

mit goldenen Champignons

Zubereitung: 30 Minuten

Zutaten

für 4 Personen

für die Suppe
2 Zwiebeln
2 Knoblauchzehen
500 g Champignons
3 EL Rapsöl
2 Zweige Thymian
1,5 EL Dinkelvollkornmehl
250 ml Weißwein
1 l Gemüsebrühe (siehe Rezept auf Seite 198)
1 Spritzer Zitronensaft
Salz, Pfeffer

für die Champignons
100 g Champignons
1 Knoblauchzehe
etwas Rapsöl

Zubereitung

Die Zwiebeln und den Knoblauch schälen und fein würfeln. Die Champignons in Scheiben schneiden. Für das Topping ein paar große schöne Scheiben beiseitestellen.

Einen großen Topf erhitzen, 1 EL Rapsöl hineingeben und dann Zwiebeln, Knoblauch, Thymian und die restlichen Pilze bei mittlerer bis hoher Hitze unter ständigem Rühren schmoren. Nach etwa 7 Minuten sollte das Wasser aus den Champignons ausgetreten und zum Großteil verdampft sein. Anschließend die Pilzmischung aus dem Topf nehmen und beiseitestellen.

Den Topf auf dem Herd lassen, 1 EL Rapsöl und das Mehl hineingeben und unter Rühren etwa 1 Minute lang rösten, bis das Mehl leicht gebräunt ist.

Mit Weißwein ablöschen und mit einem Schneebesen verrühren. Die Pilzmischung hinzugeben, mit Gemüsebrühe aufgießen, aufkochen und 15 Minuten köcheln lassen.

Eine Pfanne heiß werden lassen. Knoblauch fein hacken. Anschließend etwas Rapsöl hineingeben und die Pilze für das Topping bei hoher Hitze etwa 2 bis 4 Minuten pro Seite scharf anbraten.

Die Suppe mit einem Stabmixer fein pürieren. Mit den angebratenen Pilzen, frischem Thymian und Pfeffer in einer Suppenschüssel toppen und servieren.

Kürbis-Linsen-Salat

mit Birnen

Zubereitung: 40 Minuten

Zutaten

für 6 Personen

200 g Kürbis
3 EL Olivenöl
1 Schalotte
2 Knoblauchzehen
175 g Belugalinsen
2 kleine Birnen
1 TL Ras el Hanout
300 ml Wasser
4 EL Rotweinessig
1 TL Ahornsirup
1 Handvoll Petersilie
Salz, Pfeffer

Zubereitung

Einen Topf vorheizen und währenddessen den Kürbis in etwa 2 cm große Würfel schneiden. Etwas Olivenöl in einen Topf geben, die Kürbiswürfel und Salz dazugeben und bei hoher Hitze 5 bis 7 Minuten scharf anbraten, bis der Kürbis gebräunt und gar, aber noch bissfest ist. Anschließend alles aus dem Topf nehmen und in eine Schüssel geben.

Den Topf wieder auf den Herd stellen und währenddessen die Schalotten und den Knoblauch fein würfeln und bei mittlerer Hitze 2 Minuten glasig braten. Die Linsen, Ras el Hanout, Salz und Pfeffer in den Topf geben, mit dem Wasser aufgießen und bei niedriger Hitze 15 bis 20 Minuten köcheln lassen, bis die Linsen durch sind und die Flüssigkeit fast vollständig aufgesogen wurde. Währenddessen die Birnen in kleine Würfel schneiden und die Petersilie hacken. Den Topf vom Herd nehmen und abkühlen lassen.

Petersilie mit den Linsen und den Birnenstücken zu den Kürbiswürfeln geben und mit Rotweinessig und Ahornsirup vermengen. Bei Bedarf noch mit Salz, Pfeffer und Ras el Hanout abschmecken und servieren.

Lauwarmer Reissalat

mit Radicchio und Endivie

Zubereitung: 40 Minuten

Zutaten

für 4 Personen

¼ Endiviensalat
1 Tasse Vollkornreis
4 Handvoll Radicchio
1 Knoblauchzehe
1 Handvoll Walnüsse
1 TL Gemüsebrühe
1 EL Olivenöl
1 EL Walnussöl
1 EL Sojasauce
gemahlene Chili
Petersilie
Salz, Pfeffer

Zubereitung

Den Endiviensalat und Radicchio in feine Streifen schneiden, gut abspülen, abtropfen lassen und beiseitestellen. Optional 4 große schöne Blätter vom Radicchio beiseite geben, um später dort den Reissalat reinzufüllen.

Den Vollkornreis mit 2 Tassen Wasser und Salz für 20 bis 30 Minuten kochen lassen, bis er gar ist. Währenddessen den Knoblauch fein hacken und in einer heißen Pfanne mit Olivenöl anbraten. Walnüsse und Petersilie hacken. Die Zitrone auspressen.

Gekochter Reis, gehackte Walnüsse und Petersilie, Walnussöl, Sojasauce und Zitronensaft in die Pfanne zum Knoblauch geben und mit Salz, Pfeffer, Chili und Gemüsebrühe abschmecken. Den Endiviensalat und Radicchio unterheben und zum Servieren optional in ein Radicchioblatt füllen.

Tipp: Das Walnussöl ist ein sehr hochwertiges und geschmacksintensives Öl, welches dem Gericht eine großartige Note verleiht. Sollte man jedoch kein Walnussöl zu Hause haben, kann man auch auf ein gutes Olivenöl, Sesamöl oder sonstige Öle zurückgreifen.

Selleriesuppe

mit Dinkel

Zubereitung: 35 Minuten

Zutaten

für 4 Personen

50 g Dinkelköner
1 Kartoffel
250 g Knollensellerie
400 ml Pflanzendrink (siehe Rezept auf Seite 209)
½ TL geriebener frischer Ingwer
gemahlene Chili
½ kleine Zwiebel
1 EL Olivenöl
100 ml Gemüsebrühe (siehe Rezept auf Seite 198)

1 Zweig Thymian
Salz, Pfeffer

Zubereitung

Die Dinkelkörner in 300 ml lauwarmem Wasser 1 Stunde lang einweichen. Das Wasser anschließend abgießen und die Körner in ¼ l frischem Wasser etwa 20 Minuten weichkochen.

Währenddessen die Kartoffel und Sellerie schälen und in kleine Würfel schneiden. Die Zwiebel fein hacken und in einer vorgeheizten Pfanne mit Olivenöl leicht anbraten. Den Pflanzendrink, Ingwer, Chili und die Gemüsebrühe hinzugeben und alles köcheln lassen. Anschließend die Dinkelkörner hinzugeben.

Die Suppe mit einem Stabmixer pürieren und nach Bedarf etwas Gemüsebrühe hinzufügen, um sie zu verdünnen.

Mit Salz und Pfeffer abschmecken und mit Thymianblättchen im Teller garnieren.

Fruchtiges Graupenrisotto

mit geröstetem Kümmel

Zubereitung: 60 Minuten

Zutaten

für 4 Personen

200 g Graupen
100 ml Olivenöl
2 Stangensellerie
2 Schalotten
4 Knoblauchzehen
4 Thymianzweige
½ TL geräuchertes Paprikapulver
½ TL Chiliflocken
1 Lorbeerblatt
4 Streifen Schale von einer Zitrone
1 Dose Tomatenstücke
1 Dose passierte Tomaten
700 ml Gemüsebrühe (siehe Rezept auf Seite 198)
1 EL Kümmel
1 EL frische Oreganoblätter
Salz, Pfeffer

Zubereitung

Sellerie, Schalotten und Knoblauch in kleine Würfel schneiden. Graupen unter fließendem kaltem Wasser gründlich abspülen und abtropfen lassen.

In einen heißen Topf 2 EL Öl geben und darin Sellerie, Schalotten und Knoblauch 5 Minuten bei geringer Hitze glasig dünsten. Graupen, Thymian, Paprikapulver, Lorbeerblatt, Zitronenschalen, Chiliflocken, Tomaten, passierte Tomaten, Gemüsebrühe und ½ TL Salz dazugeben und alles gut verrühren. Zum Kochen bringen und 45 Minuten bei geringer Hitze köcheln lassen, bis die Graupen weich sind und die Flüssigkeit aufgesogen wurde. Regelmäßig umrühren, damit nichts ankocht. Bei Bedarf mehr Wasser dazu gießen.

Währenddessen die Kümmelsamen in einer Pfanne ohne Öl anrösten und anschließend zerstoßen.

Risotto abschmecken und mit frisch gezupften Oreganoblättern und dem Kümmel servieren.

Geschmorte Rote Bete

mit Kartoffel-Linsen-Püree

Zubereitung: 80 Minuten

Zutaten

für 6 Personen

für die Rote Bete
800 g Rote-Bete-Knollen
1 Zwiebel
2 Karotten
2 Stangensellerie
2 Knoblauchzehen
6–8 Schalotten
200 g rote Linsen
Olivenöl
1 EL Tomatenmark
400 ml Rotwein
300 ml Gemüsefond/Brühe
Saft von einer Zitrone
1 Zweig Rosmarin
1 Zweig Thymian
1 Lorbeerblatt
frische Petersilie
geriebene Muskatnuss
Salz, Pfeffer

für das Kartoffel-Linsen-Püree
600 g mehlige Kartoffeln
100 g gelbe Linsen
150 ml Pflanzendrink (siehe Rezept auf Seite 209)
geriebene Muskatnuss
Salz, Pfeffer

Zubereitung

Den Backofen auf 180 °C Heißluft vorheizen. Die Rote Bete in Alufolie wickeln und dann für 1 bis 1,5 Stunden im Ofen garen. Die gegarten Bete-Knollen schälen und in mundgerechte Stücke schneiden. Zwiebeln fein hacken, Karotten schälen, der Länge nach halbieren und in Scheiben schneiden. Den Stangensellerie ebenfalls in Scheiben schneiden. Knoblauch fein hacken und Schalotten je nach Größe halbieren oder vierteln. Einen großen Schmortopf erhitzen und Olivenöl mit den Zwiebeln, Karotten, Sellerie und etwas Salz für ein paar Minuten rösten. Knoblauch und Tomatenmark mitrösten und anschließend mit dem Rotwein aufgießen und einkochen lassen. Gemüsefond, Orangensaft und Kräuter hinzugeben. Rote Bete und Schalotten einrühren und zugedeckt für etwa 20 Minuten schmoren lassen. Die Linsen hinzugeben und für weitere 20 Minuten schmoren.

In der Zwischenzeit für das Püree die Kartoffeln schälen und in kochendem Wasser etwa 25 Minuten kochen, nach 10 Minuten die Linsen hinzugeben und mitkochen. Kartoffeln und Linsen aus dem Wasser nehmen und gemeinsam mit dem Pflanzendrink und den Gewürzen zu einem feinen Püree zerstampfen. Die geschmorte Rote Bete mit Salz und Pfeffer abschmecken.

Das Püree mit der Roten Bete im Teller anrichten und mit frischer Petersilie garnieren.

Herbstliche Bowl

mit Amaranth und Hirse

Zubereitung: 35 Minuten

Zutaten

für 4 Personen

Olivenöl
2 Zwiebeln
120 g Karotten
2 Stangensellerie
200 g Kürbis
360 g Blumenkohl
120 g Paprika
2 Knoblauchzehen
240 g Hirse
240 g Amaranth
1 l Gemüsebrühe (siehe Rezept auf Seite 198)
3 TL Ras El Hanout
4 Handvoll Rucola
80 g frischer Koriander oder Petersilie
Salz, Pfeffer

Zubereitung

Die Zwiebeln, Karotten und Stangensellerie würfeln, Blumenkohlröschen vom Blumenkohl entfernen und Paprika und Knoblauch fein hacken. Kürbis schälen und in kleine mundgerechte Stücke schneiden.

In einem vorgeheizten Topf die Zwiebeln mit Olivenöl 2 bis 3 Minuten glasig dünsten. Anschließend Karotten, Stangensellerie, Blumenkohl, Paprika, Kürbis und Knoblauch hinzugeben und ein paar Minuten mitbraten.

Hirse und Amaranth hinzugeben, kurz mitbraten und nach ein paar Minuten mit der Gemüsebrühe ablöschen. Die Gewürzmischung hinzugeben und mit abgedecktem Topf 12 bis 15 Minuten bei niedriger Hitze leicht köcheln lassen, bis die Flüssigkeit von Hirse und Amaranth aufgesogen wurde, ansonsten noch weiter kochen lassen. Anschließend den Topf vom Herd nehmen, noch 5 Minuten ausquellen lassen und mit Salz abschmecken.

Rucola auf den Tellern verteilen und das Amaranth-Hirse-Gemüse-Ragout darauf geben. Nach Belieben mit Koriander oder Petersilie garnieren.

Tipp: Das Gemüse-Ragout mit Amaranth und Hirse kann auch sehr lecker als Wrap oder als Beilage verwendet werden.

Kartoffelknödel

mit Apfelblaukraut und Bratensauce

Zubereitung: 60 Minuten

Zutaten

für 4 Personen

für die Kartoffelknödel
700 g mehlige Kartoffeln
75 g Kartoffelstärke oder Weizen- bzw. Maisstärke
Muskatnuss
Salz

für das Apfelblaukraut
500 g Rotkohl
1 Zwiebel
1 Apfel
100 ml Rotwein
150 ml Orangensaft
2 Gewürznelken
1 EL Wacholderbeeren
1 Prise Zimt
2 EL Preiselbeermarmelade
Rapsöl
Salz, Pfeffer

für die Bratensauce
(siehe Rezept auf Seite 206)

Zubereitung

Für das Blaukraut den Rotkohl vierteln, den Strunk entfernen und in dünne Streifen schneiden oder hobeln. Die Zwiebeln fein hacken und den Apfel schälen, entkernen und fein raspeln.

In einem vorgeheizten Topf die Zwiebel mit etwas Rapsöl glasig dünsten. Das Kraut hinzugeben und für etwa 5 Minuten dünsten. Das Kraut mit Rotwein und Orangensaft ablöschen, den Apfel hinzugeben und mit Salz, Pfeffer, Nelken und Wacholderbeeren würzen. Das Blaukraut im geschlossenen Topf für etwa 1 bis 2 Stunden auf sehr niedriger Hitze köcheln lassen.

Während das Blaukraut im Topf schmort, kann man die Kartoffelknödel zubereiten. Hierfür die Kartoffeln mit Schale für 20 bis 25 Minuten kochen, bis sie gar sind, anschließend kurz abkühlen lassen und schälen. Die Kartoffeln mit einer Gabel oder Kartoffelpresse zerdrücken, mit Kartoffelstärke verkneten und mit Salz und geriebener Muskatnuss abschmecken. Mit angefeuchteten Händen den Kartoffelteig zu gleichmäßigen Knödeln formen. Einen Topf mit Wasser aufkochen lassen, Salz hinzugeben und die Knödel für 15 bis 20 Minuten ziehen lassen. Das Wasser darf dabei nicht kochen. Sobald die Knödel an der Oberfläche schwimmen, sind sie gar.

Die Bratensauce nach dem Rezept auf Seite 206 zubereiten. Zum Schluss nun das Blaukraut mit Zimt, Preiselbeermarmelade und Salz abschmecken und gemeinsam mit den Kartoffelknödeln und der Bratensauce servieren.

Mangoldwickel

mit Gemüse-Linsenfüllung

Zubereitung: 30 Minuten

Zutaten

für 4 Personen

10 große Mangoldblätter
2 Zwiebeln
1 Knoblauchzehe
3 EL Olivenöl
80 g Berglinsen
200 g Cherrytomaten
1 Bund Petersilie
1 Dose Kichererbsen
Salz, Pfeffer
Zahnstocher

Zubereitung

Die Mangoldblätter im Dampf für etwa 5 bis 8 Minuten garen. Die Berglinsen nach Verpackungsanweisung in Wasser gar kochen. Währenddessen Zwiebeln und Knoblauch schälen und fein hacken.

In einer vorgeheizten Pfanne mit Olivenöl zusammen glasig dünsten. Die Cherrytomaten vierteln und hinzugeben. Petersilie fein hacken und gemeinsam mit den Kichererbsen und Linsen in die Pfanne geben und alles miteinander vermengen. Mit Salz und Pfeffer abschmecken.

Die Mangoldblätter auflegen und mit dem Gemüse füllen. Die Mangoldblätter auf den Seiten einklappen und dann zusammenrollen. Sollten die Wickel nicht zusammenhalten, kann man sie mit Zahnstochern befestigen.

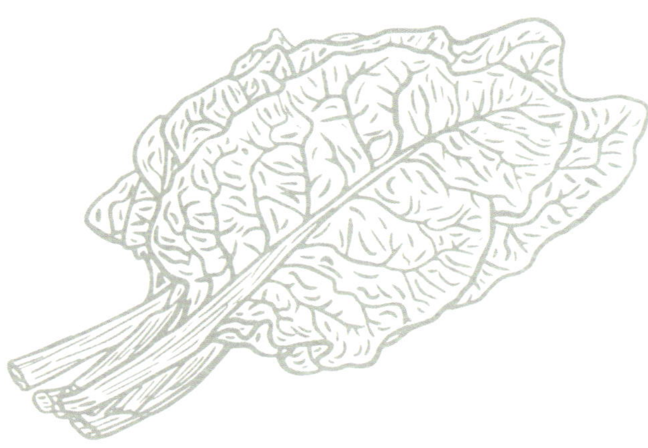

Ofenkartoffeln

mit Waldpilzen

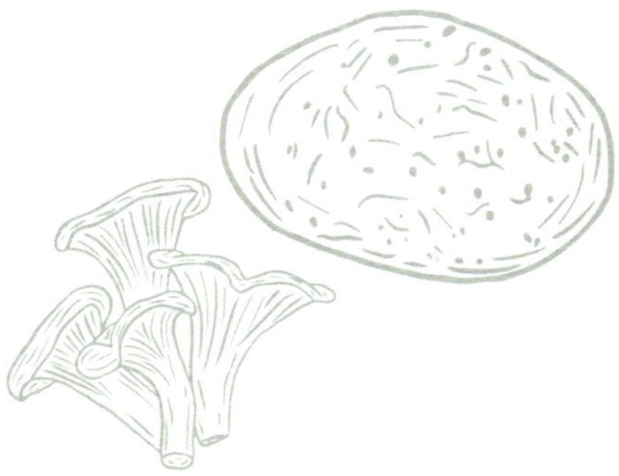

Zubereitung: 30 Minuten

Zutaten

für 4 Personen

für die Ofenkartoffeln
4 große mehlige Kartoffeln
600 g Waldpilze
Pfifferlinge
Steinpilze
1 Zwiebel
1 EL Olivenöl
2 Zweige Rosmarin
4 Zweige Thymian
Salz, Pfeffer

für den Joghurtdip
300 g pflanzliches Joghurt
(siehe Rezept auf Seite 201)
1 Handvoll Petersilie
1 Handvoll Schnittlauch
½ TL Dill
gemahlene Muskatnuss
Salz, Pfeffer

Zubereitung

Den Backofen auf 180 °C Ober-/Unterhitze vorheizen. Die Kartoffeln gut waschen und abtrocknen.

Anschließend je nach Größe für etwa 1 Stunde in den Ofen geben. Mit einem spitzen Messer in die Kartoffeln stechen; wenn sie vom Messer herunterrutschen, sind sie gar, ansonsten müssen sie noch länger im Ofen bleiben.

Währenddessen Petersilie und Schnittlauch hacken, mit dem Joghurt vermischen und den Dip mit Salz, Pfeffer, Dill und Muskatnuss würzen. Die Pilze vorsichtig reinigen, trocken abreiben und eventuell kleiner schneiden.

Sobald die Kartoffeln gar sind, eine Pfanne vorheizen, Zwiebeln fein hacken und anschließend in Olivenöl glasig dünsten. Die Pilze und die Kräuterzweige beigeben und bei hoher Temperatur unter ständigem Rühren braten, bis die ausgetretene Flüssigkeit verdampft ist. Mit Salz und Pfeffer würzen.

Die Ofenkartoffeln längs aufschneiden und mit dem Joghurtdip und den Pilzen befüllen und servieren.

Pilzgulasch

à la bourguignonne

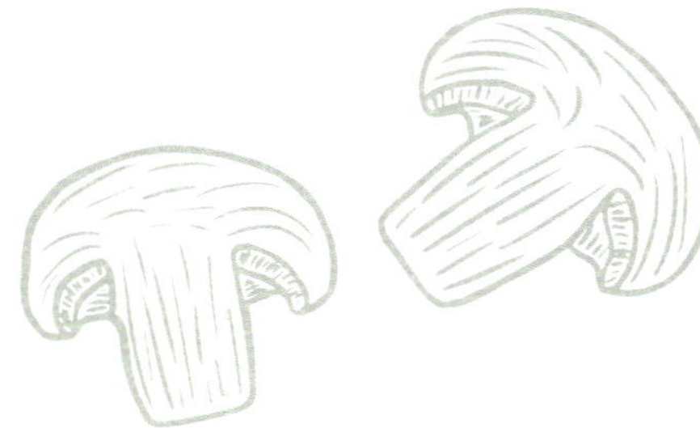

Zubereitung: 70 Minuten

Zutaten

für 4 Personen

für das Gulasch
400 g Champignons
400 g Kräuterseitlinge
3 Knoblauchzehen
4 EL Olivenöl
200 g Schalotten
300 g Karotten
1 Stangensellerie
2 EL Tomatenmark
400 ml Rotwein
200 ml Gemüsebrühe
(siehe Rezept auf Seite 198)
4 Zweige Thymian
2 Lorbeerblätter
Salz, Pfeffer

für die Polenta
150 g Polenta
200 ml Pflanzendrink
(siehe Rezept auf Seite 209)
300 ml Gemüsebrühe
(siehe Rezept auf Seite 198)
Salz, Muskatnuss

Zubereitung

Einen großen Topf vorheizen, währenddessen Champignons und Kräuterseitlinge in mundgerechte Stücke schneiden und Knoblauch fein hacken. 2 EL Olivenöl in den heißen Topf geben, die Pilze zugeben und unter häufigem Rühren 5 Minuten anrösten, anschließend Knoblauch dazugeben, mit Salz abschmecken und weitere 3 Minuten köcheln lassen. Die Pilze anschließend aus dem Topf nehmen und beiseitestellen. Schalotten halbieren, Karotten in mundgerechte Stücke und Sellerie in feine Scheiben schneiden. Das restliche Olivenöl in den heißen Topf geben und Zwiebeln unter häufigem Rühren 3 Minuten bei hoher Hitze anrösten. Karotte, Sellerie und Tomatenmark hinzugeben und weitere 5 Minuten braten.

Pilze zurück in den Topf geben, mit Rotwein und Gemüsebrühe ablöschen und den Bodensatz unter ständigem Rühren lösen. Thymianzweige und Lorbeerblätter zum kochenden Pilzgulasch hinzugeben. Mit Salz abschmecken und mit geschlossenem Deckel bei niedriger bis mittlerer Hitze bis zu einer Stunde köcheln lassen, manchmal umrühren. Währenddessen für die Polenta den Pflanzendrink und die Gemüsebrühe in einem Topf zum Kochen bringen. Die Polenta mit einem Schneebesen einrühren und für 1 bis 2 Minuten weiterrühren. Bei niedriger Hitze die Polenta ca. 10 Minuten quellen lassen, gelegentlich umrühren. Mit Salz und Muskatnuss abschmecken.

Das Pilzgulasch mit der Polenta servieren und mit Petersilie garnieren.

Regenbogentagliatelle

mit Balsamicocreme und Walnüssen

Zubereitung: 30 Minuten

Zutaten

für 4 Personen

400 g Tagliatelle (siehe Rezept auf Seite 205)
etwas Olivenöl
1 Knoblauchzehe
50 g Walnüsse
100 g Karotten
100 g Pilze
100 g Kraut
200 g Tomaten
4 EL Balsamicocreme
frischer Oregano
frischer Basilikum
Salz, Pfeffer

Zubereitung

Wasser in einem großen Topf aufkochen, 1 EL Salz hinzugeben und die Tagliatelle al dente kochen. Nudeln abgießen.

Die Karotten in dünne Juliennestreifen, die Pilze in mundgerechte Stücke und das Kraut in Streifen schneiden. Den Knoblauch schälen und fein hacken. Währenddessen eine Pfanne aufheizen und 2 EL Olivenöl hinzugeben.

Das Gemüse in die Pfanne geben und nach etwa 7 Minuten die Walnüsse beigeben. Alles zusammen noch für etwa 5 Minuten braten lassen.

Die Nudeln in die Pfanne und die Balsamicocreme darüber geben, alles vermengen, mit Basilikum und Oregano verfeinern und mit Salz und Pfeffer abschmecken.

Apfelküchlein

mit Beerenmarmelade und Zimt

Zubereitung: 30 Minuten

Zutaten

für 4 Personen

für die Apfelküchlein
4 Äpfel
180 g Dinkelvollkornmehl
360 ml Pflanzendrink (siehe Rezept auf Seite 209)
2 TL Vollrohrzucker
2 EL geschrotete Leinsamen
Rapsöl zum Ausbacken
Salz
Zimt
etwas Vollrohrzucker

für die Beerenmarmelade
siehe Rezept auf Seite 172

Zubereitung

Die Leinsamen mit 2 EL Wasser in einer kleinen Schüssel mischen und 5 Minuten quellen lassen. Währenddessen Mehl, Pflanzendrink, Vollrohrzucker und 1 Prise Salz mit einem Schneebesen verquirlen. Eine beschichtete Pfanne vorheizen. Die gequellten Leinsamen zum Teig geben und alles verrühren.

Die Äpfel schälen und mit einem Ausstecher vom Kerngehäuse entfernen – wichtig: die Äpfel sollten dabei noch ganz bleiben! Die Äpfel quer in 0,5 cm dicke Scheiben schneiden und die Scheiben dann im Teig tunken. Die getunkten Scheiben mit Öl in der Pfanne goldbraun ausbacken. Die Löcher der Apfelringe können beliebig mit Teig noch gefüllt werden. Im Ofen die fertigen Apfelküchlein bei etwa 60 °C warmhalten.

Die Beerenmarmelade nach dem Rezept auf Seite 172 zubereiten.

Etwas Vollrohrzucker und Zimt in einer kleinen Schüssel miteinander vermischen und die warmen Apfelküchlein darin wälzen. Mit der Beerenmarmelade servieren.

Tipp: Die Apfelküchlein können auch mit Apfelmus oder mit einer anderen Marmelade, Fruchtkompott oder Röster gegessen werden

Birnen-Schoko-Kuchen

mit Caramel Salé

Zubereitung: 60 Minuten

Zutaten

für den Kuchen
200 ml Pflanzendrink (siehe Rezept auf Seite 209)
75 ml Rapsöl
150 g Vollrohrzucker
100 g Apfelmus
1 EL Apfelessig
2 TL Vanilleextrakt
200 g Dinkelvollkornmehl
50 g Kakaopulver
2,5 TL Backpulver
1 Prise Salz
1 TL Zimt
2–3 kleine Birnen
50 g Haselnüsse

für das Topping
50 g Vollrohrzucker
½ TL Salz
50 g dunkle Schokolade
Haselnüsse

Zubereitung

Den Ofen auf 180 °C Ober-/Unterhitze vorheizen. Eine 20 cm Backform leicht einfetten. Die Birnen entkernen und in etwa 0,5 cm dicke Scheiben schneiden.

Pflanzendrink, Öl und Vollrohrzucker in einer Schüssel schaumig schlagen, dies kann einige Minuten dauern. Apfelessig, Vanilleextrakt und Apfelmus dazugeben und nochmal gut verrühren. Mehl, Kakao, Backpulver, Salz und Zimt vermischen und langsam zu den flüssigen Zutaten unterrühren. Alles zu einem glatten Teig verarbeiten und in die Form geben. Birnen und Haselnüsse auf dem Teig verteilen und leicht hineindrücken. Anschließend den Kuchen ca. 45 Minuten backen.

Den Kuchen aus dem Rohr nehmen, abkühlen lassen und währenddessen in einen kleinen Topf 50 g Vollrohrzucker, ½ TL Salz und 2 EL Wasser geben und erhitzen lassen. Dabei nicht umrühren und warten, bis der Vollrohrzucker leicht goldgelb karamellisiert. Den Karamell über dem Kuchen verteilen und noch nach Belieben mit flüssiger Schokolade und Haselnüssen dekorieren.

Herbstliche Dessertcremes

Maroni und Birne

Zubereitung: 40 Minuten

Zutaten

für 4 Personen

für die Maronencreme
500 g Maronen, gekocht und geschält (vakuumiert, aus dem Glas oder tiefgekühlt)
5 EL Apfeldicksaft
4 EL Haselnusskerne
200 ml Pflanzendrink (siehe Rezept auf Seite 209)
¼ TL Zimt
optional Meersalzflocken

für die Birnencreme
900 g reife Birnen
etwa 6 Stück
5 EL Apfeldicksaft
Saft von einer Zitrone
4 EL Maisstärke
4 EL Haselnüsse
½ TL Kakaopulver
¼ TL Kardamom

Zubereitung

Maronencreme
Maronen mit ½ l Wasser, etwas Salz, Zimt und Apfeldicksaft in einen Topf geben, zum Kochen bringen und unter Rühren 45 Minuten leicht köcheln lassen. Währenddessen die Haselnüsse in einer Pfanne anrösten, bis sie duften. Abkühlen lassen und grob hacken.

Die Maronenmischung in einen Mixer geben und pürieren. Den Pflanzendrink langsam hinzugeben, bis eine cremige Mischung entsteht. Bei Bedarf noch etwas mehr Pflanzendrink hinzugeben. Die Creme in einen Spitzbeutel geben und in Gläser spritzen und kühl stellen. Mit den gehackten Haselnüssen und den Meersalzflocken garnieren.

Birnencreme
Birnen schälen, vierteln, Kerngehäuse entfernen und in Stücke schneiden. Mit 160 ml Wasser, Apfeldicksaft, Kardamom und Zitronensaft in einen Topf geben und für etwa 10 Minuten köcheln lassen, bis die Birne weich wird. Anschließend mit einem Stabmixer alles fein pürieren.

Die Maisstärke mit 3 bis 4 EL kaltem Wasser in einer kleinen Tasse verrühren. Anschließend zum Birnenpüree geben und alles unter Rühren 1 bis 2 Minuten aufkochen lassen. Vom Herd nehmen. Das Birnenpüree in Dessertgläser füllen und kühl stellen.

Mit gehackten Haselnüssen und Kakao garnieren.

Kaffeebrownies

mit Haselnüssen

Zubereitung: 45 Minuten

Zutaten

für die Brownies
100 g dunkle Schokolade
300 ml Pflanzendrink (siehe Rezept auf Seite 209)
30 g Rapsöl
200 g gemahlene Mandeln
3 EL lösliches Kaffeepulver
100 g Dinkelvollkornmehl
1 TL Backpulver
½ TL Natron
160 ml Ahornsirup
Salz

für das Topping
100 g Haselnüsse
50 g dunkle Schokolade

Zubereitung

Den Ofen auf 180 °C Umluft vorheizen. Schokolade, Rapsöl und Pflanzendrink in einen Topf geben, erwärmen lassen und alles miteinander verrühren.

In einer Schüssel die trockenen Zutaten Mandeln, Mehl, Kaffeepulver, Backpulver, Natron und eine Prise Salz vermischen.

Den Ahornsirup in den warmen Schokodrink rühren und anschließend zu den trockenen Zutaten in die Schüssel geben. Alles gut miteinander glatt rühren.

Eine viereckige Springform vorbereiten und den Teig hineinfüllen. Die Brownies 16 bis 20 Minuten backen. Danach abkühlen lassen und nach Belieben mit gehackten Haselnüssen und flüssiger dunkler Schokolade dekorieren. In Stücke schneiden und servieren.

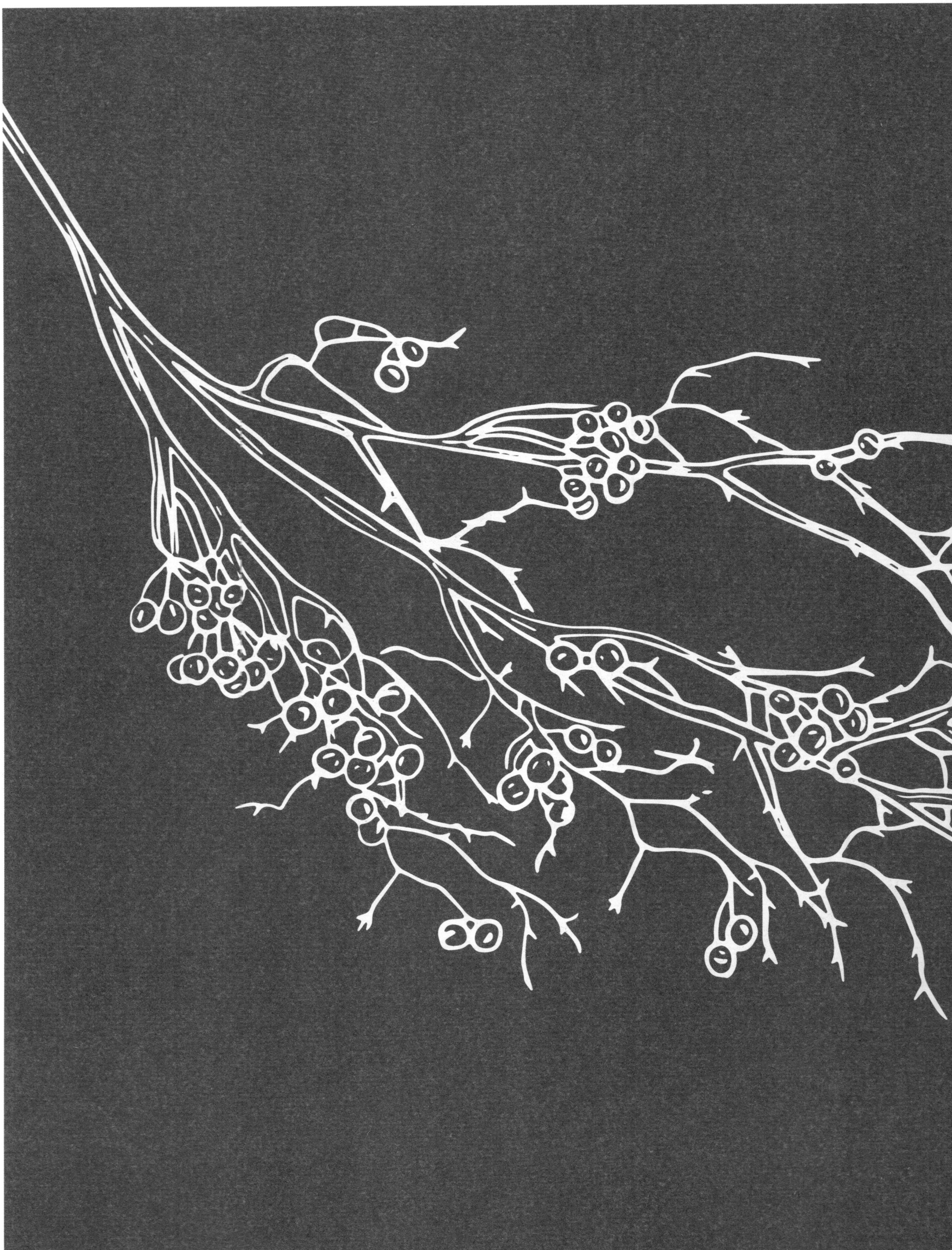

Winter

Dinkelvollkorn-Frittaten

in Gemüsebrühe

Zubereitung: 35 Minuten

Zutaten

für 4 Personen

500 ml Pflanzendrink (siehe Rezept auf Seite 209)
250 g Dinkelvollkornmehl
100 ml Mineralwasser
½ TL Backpulver
Öl zum Braten
2 l Gemüsebrühe (siehe Rezept auf Seite 198)
Salz

Zubereitung

Das Mehl mit dem Backpulver und Salz versieben und Pflanzendrink und Mineralwasser mit einem Schneebesen unterrühren, bis ein glatter Teig entsteht. Den Teig nun für etwa 30 Minuten quellen lassen.

Etwas Öl in einer Pfanne erhitzen und je einen Schöpfer Teig in der Pfanne verteilen und schwenken und auf beiden Seiten goldbraun backen.

Für die Gemüsesuppe die Zutaten nach dem Rezept auf Seite 198 zubereiten.

Die Frittaten in dünne Streifen schneiden, in die Teller geben und mit Gemüsebrühe aufgießen. Optional mit Schnittlauch verfeinern.

Pastinaken-Karottensuppe

mit feinem Curry

Zubereitung: 25 Minuten

Zutaten

für 4 Personen

4 Karotten
2 Pastinaken
1 TL Currypulver
1 Zwiebel
1 Knoblauchzehe
3 EL Rapsöl
900 ml Gemüsebrühe (siehe Rezept auf Seite 198)
frische Petersilie oder Schnittlauch
Salz, Pfeffer

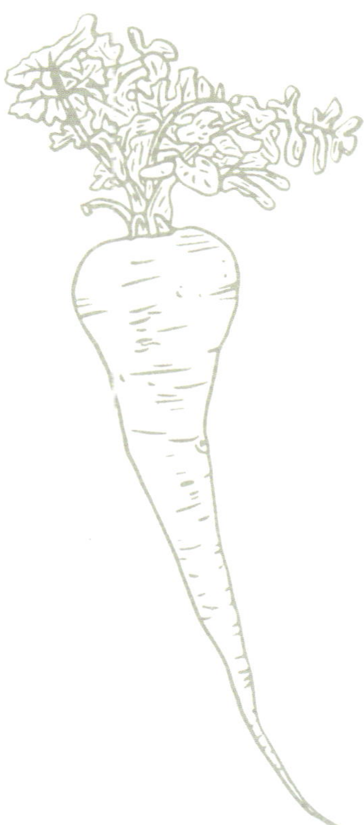

Zubereitung

Karotten und Pastinaken schälen und in kleine Stücke schneiden. Zwiebel und Knoblauch schälen und fein hacken.

Zwiebel in einem Topf mit Öl erhitzen und glasig anschwitzen. Knoblauch dazugeben und etwa 1 Minute mitbraten. Pastinaken, Karotten und Currypulver hinzugeben und alles gemeinsam gut braten.

Nach etwa 5 Minuten mit der Gemüsebrühe ablöschen und mit Salz und Pfeffer abschmecken. Für etwa 15 Minuten leicht köcheln lassen.

Anschließend mit einem Stabmixer fein pürieren, sodass eine cremige Suppe entsteht. Optional noch mit frischen gehackten Kräutern garnieren und in einer Suppenschüssel servieren.

Salat aus Wurzelgemüse

mit Haselnussdressing

Zubereitung: 20 Minuten

Zutaten

für 4 Personen

für den Salat
2 Rote-Bete-Knollen
3 Karotten
1 Pastinake
1 Kohlrabi

für das Dressing
1 Handvoll Haselnüsse
½ Zitrone
½ Orange
Ahornsirup
Apfeldicksaft
8 EL Olivenöl
Salz, Pfeffer
Minze

Zubereitung

Das Gemüse schälen und in feine mundgerechte Scheiben schneiden. Alles zusammen in eine Schüssel geben und miteinander vermengen. Die Minze fein hacken.

Für das Dressing Haselnüsse, den Saft von einer halben Zitrone und einer halben Orange, Apfeldicksaft und Olivenöl in einen Hochleistungsmixer geben und alles miteinander pürieren. Mit Salz und Pfeffer abschmecken und die gehackte Minze hinzugeben.

Das Dressing zu dem Gemüse geben, miteinander vermengen und direkt servieren. Das Gemüse sollte nicht zu lange im Dressing liegen, damit es knackig und frisch bleibt.

Wintersalat

mit Senf-Preiselbeer-Dressing

Zubereitung: 20 Minuten

Zutaten

für 4 Personen

für den Salat
400 g Grünkohl
2 Äpfel
2 Handvoll Nüsse
oder Kerne nach Belieben
(Walnüsse, Haselnüsse,
Mandeln, Sonnenblumen-
kerne, Kürbiskerne etc.)

für das Dressing
8 EL Weißweinessig
2 TL Dijonsenf
8 EL Olivenöl
2 EL Preiselbeermarmelade
Salz, Pfeffer

Zubereitung

Den Grünkohl vom Stamm befreien und die Blätter in mundgerechte Stücke schneiden. In einem kleinen Topf Wasser zum Kochen bringen, Salz hinzugeben und den Grünkohl für etwa 3 Minuten blanchieren. Aus dem Wasser nehmen und in einem Sieb abtropfen lassen.

Das Kerngehäuse vom Apfel entfernen und in kleine Stücke schneiden. Die Nüsse grob hacken und alle Zutaten zusammen in eine Salatschüssel geben.

Für das Dressing alle Zutaten in einem kleinen Behälter vermischen und anschließend zum Salat dazugeben. Alles unterheben und servieren.

Chili-Blumenkohlsteak

mit Semmelknödel an Bratensauce

Zubereitung: 60 Minuten

Zutaten

für 4 Personen

für das Blumenkohlsteak
600 g Blumenkohl
4 EL Rapsöl
50 g Walnüsse
4 EL Rotweinessig
¼ Bund Petersilie
Salz, Pfeffer, Chiliflocken

für die Semmelknödel
600 g trockenes Brot
360 ml Pflanzendrink (siehe Rezept auf Seite 209)
½ Bund Petersilie
2 Zwiebeln
4 EL Öl
6 EL Dinkelvollkornmehl
Salz, Muskatnuss

für die Bratensauce
siehe Rezept auf Seite 206

Zubereitung

Für die Walnuss-Chili-Marinade die Petersilie und Walnüsse hacken. Walnüsse in einer heißen Pfanne 5 Minuten rösten. Mit Chiliflocken würzen und mit Essig ablöschen, die gehackte Petersilie unterrühren und beiseite geben. Den Backofen auf 225 °C Ober-/ Unterhitze vorheizen. Den Blumenkohl in etwa 3 cm dicke Scheiben schneiden. Die Scheiben gut abtrocknen, mit Salz einreiben und 3 Minuten ziehen lassen. In eine vorgeheizte Pfanne Rapsöl geben und die Blumenkohlsteaks 4 Minuten pro Seite bei hoher Hitze scharf anbraten, dabei möglichst wenig wenden, damit sie goldbraun werden. Pfanne vom Herd nehmen, Blumenkohl mit Pfeffer würzen und für 15 Minuten im Ofen weiter rösten.

Währenddessen für die Semmelknödel die Zwiebeln fein hacken und in einer Pfanne mit Olivenöl glasig braten. Petersilie hacken. Das Brot in Würfel schneiden mit Pflanzendrink, Mehl, Prise Muskatnuss und Salz vermengen und alles 5 Minuten quellen lassen. Alles zu einer Knödelmasse verarbeiten und ein paar Minuten stehen lassen, dass sich das Brot mit der Flüssigkeit gut aufsaugt. Sollte die Masse noch zu trocken sein, einfach noch mehr Pflanzendrink hinzugeben. In einem Dampftopf Salzwasser zum Kochen bringen. Mit feuchten Händen die Semmelknödelmasse zu Knödel formen. Knödel für ca. 15 Minuten dämpfen. Das Blumenkohlsteak aus dem Ofen nehmen, die Chili-Walnuss-Marinade darauf geben und mit Semmelknödel und Bratensauce servieren.

Chili sin Carne

ein feuriger Klassiker

Zubereitung: 30 Minuten

Zutaten

für 4 Personen

2 Zwiebeln
1 Knoblauchzehe
2 EL Olivenöl
2 Paprikas
1 Zucchini
400 g gehackte Tomaten
1 Dose Kidneybohnen
400 g weiße Riesenbohnen
400 g Mais
400 ml Gemüsebrühe (siehe Rezept auf Seite 198)
3 EL Tomatenmark
2 TL Paprikapulver
1 kleine Tasse Espresso
1 TL Zimt
1 TL Kreuzkümmelpulver
2 TL Kakaopulver
2 TL Paprikapulver
2 TL Rosmarin
2 TL Oregano
2 TL Chilipulver
oder 1 kleine Chili
Salz, Pfeffer

Zubereitung

Zwiebeln und Knoblauchzehe fein hacken. Paprika und Zucchini in Würfel schneiden. Olivenöl in einem großen Topf erhitzen. Zwiebeln und Knoblauch bei mittlerer Hitze 1 bis 2 Minuten garen. Paprika und Zucchini hinzugeben und kurz scharf anbraten.

Tomaten, Kidneybohnen und weiße Riesenbohnen hinzufügen und mit Gemüsebrühe ablöschen. Tomatenmark, Espresso und Gewürze hinzufügen und auf niedriger Hitze 15 Minuten köcheln lassen.

Das Chili sin Carne mit Salz, Pfeffer und Chili abschmecken, in einer Schüssel anrichten und mit frischer Petersilie garnieren.

Dinkel-Chinakohl-Pfanne

mit wärmender Chili

Zubereitung: 40 Minuten

Zutaten

für 4 Personen

250 g Dinkelgraupen
2 Schalotten
4 EL Olivenöl
1 getrocknete Chilischote
400 g Chinakohl
100 g Oliven
ca. 8 getrocknete Tomaten
frischer Thymian oder andere Kräuter nach Belieben
Salz, Pfeffer

Zubereitung

Die Dinkelgraupen in ein Sieb geben und unter fließendem Wasser waschen. Anschließend den Dinkel in einen Topf geben und mit der doppelten Menge an Wasser aufkochen und nach Packungsanweisung bissfest garen.

Schalotten schälen und in feine Scheiben schneiden. In eine Pfanne mit Olivenöl geben und zusammen mit der Chilischote und etwa 50 ml Wasser 10 Minuten goldgelb anschwitzen.

Währenddessen den Chinakohl waschen und in nicht zu kleine Stücke schneiden. Oliven und getrocknete Tomaten klein schneiden.

Chinakohl und getrocknete Tomaten zu den Schalotten geben. Thymian waschen, die Blättchen abzupfen und zur Pfanne geben. Bei starker Hitze und ständigem Rühren einige Minuten garen.

Dinkel und Oliven hinzugeben. Alles bei weiterhin starker Hitze kochen lassen. Die Chilischote entfernen und mit Salz und Pfeffer abschmecken und servieren.

Linsenbolognese

mit leckeren Kräutern

Zubereitung: 35 Minuten

Zutaten

für 4 Personen

500 g Spaghetti (siehe Rezept auf Seite 205)
4 Karotten
2 Stangensellerie
2 Zwiebeln
4 Knoblauchzehen
2 EL Olivenöl
2 Dosen braune Linsen
6 TL Tomatenmark
150 ml Gemüsebrühe (siehe Rezept auf Seite 198)
2 Dosen Tomatenstücke
1 TL Oregano
2 TL Basilikum
1 TL Thymian
Salz, Pfeffer

Zubereitung

Die Nudeln bissfest kochen. Währenddessen die Karotten schälen und in ganz kleine Stücke schneiden. Den Sellerie in feine Scheiben schneiden. Die Zwiebeln und den Knoblauch schälen und fein hacken. Anschließend die Linsen in einem Sieb abtropfen lassen.

In einer Pfanne Öl erhitzen und die Zwiebeln und den Knoblauch andünsten. Karotten und Sellerie hinzugeben und kurz mitanbraten. Die Linsen und das Tomatenmark dazugeben und gut mit dem Gemüse verrühren.

Mit etwas Suppe ablöschen und die gestückelten Tomaten einrühren. Bei mittlerer Hitze die Sauce 10 Minuten köcheln lassen.

Die Sauce mit italienischen Kräutern, Salz und Pfeffer nach Geschmack würzen und abschmecken und gemeinsam mit den Nudeln servieren.

Oranger Krautstrudel

mit Schnittlauchdip

Zubereitung: 50 Minuten

Zutaten

für 4 Personen

für den Krautstrudel
1 Blätterteig
200 g Karotten
100 g Lauch
1 EL Gemüsebrühe
3 EL weißer Balsamicoessig
2 EL Tomatenmark
1 EL Rapsöl
Salz
Pfeffer

für den Schnittlauchdip
200 g pflanzliches Joghurt (siehe Rezept auf Seite 201)
1 Handvoll Schnittlauch
1 Knoblauchzehe
Salz, Pfeffer

Zubereitung

Weißkraut, Karotten und Lauch in feine Streifen schneiden oder hobeln. Eine Pfanne aufheizen, Öl hinzugeben und das geschnittene Gemüse mit dem Tomatenmark gut vermengen und für etwa 5 Minuten garen lassen. Den Ofen auf 180 °C Umluft vorheizen.

Das Gemüse mit dem Essig ablöschen und mit Gemüsebrühe, Salz und Pfeffer abschmecken. Alles so lange weiter garen lassen, bis das Kraut weich geworden ist. Die Pfanne nun vom Herd nehmen und die Füllung etwas abkühlen lassen.

Den Blätterteig ausrollen, die Füllung auf das untere Drittel geben und am Rand etwa 4 cm frei lassen. Die Seitenränder über die Füllung klappen und fest zusammenrollen. Den Strudel nun mit der Nahtseite nach unten auf ein mit Backpapier belegtes Blech geben. Den Strudel in den Ofen geben und ungefähr 30 Minuten backen, bis der Blätterteig goldbraun ist.

Währenddessen eine Knoblauchzehe schälen und fein hacken und den Schnittlauch ebenfalls fein hacken. Das Joghurt in eine kleine Schüssel geben und Schnittlauch, Knoblauch, Salz und Pfeffer untermischen und abschmecken.

Den Strudel in etwa 5 cm große Stücke schneiden und gemeinsam mit dem Schnittlauchdip servieren. Optional noch mit frisch geschnittenem Schnittlauch garnieren.

Winterliche Eintopfbowl

mit Käferbohnen und Wurzelgemüse

Zubereitung: 35 Minuten

Zutaten

für 4 Personen

400 g Käferbohnen aus der Dose
2 Pastinaken
4 Karotten
250 g gelbe Linsen
3 Knoblauchzehen
1 Zwiebel
15 g frischer Ingwer
2 EL Rapsöl
100 g Grünkohl
500 ml Gemüsebrühe (siehe Rezept auf Seite 198)
3 TL Currypulver
3 TL Kurkuma
3 TL gemahlener Kreuzkümmel
frischer Koriander
Salz, Pfeffer

Zubereitung

Knoblauchzehen, Zwiebeln und Ingwer schälen und fein hacken. Pastinaken und Karotten waschen, schälen und in mundgerechte Stücke schneiden.

Einen Topf vorheizen, Öl hinzugeben und das Gemüse mit den Gewürzen hineingeben und für ein paar Minuten andünsten lassen. Linsen hinzufügen und mit der Gemüsebrühe aufgießen. Deckel darauf geben und für etwa 20 Minuten bei mittlerer Hitze köcheln lassen. Bei Bedarf etwas Wasser nachschütten.

Währenddessen den Grünkohl vom Stamm befreien und in kleine Stücke schneiden. Einen kleinen Topf mit Wasser und Salz aufkochen lassen und den Grünkohl für etwa 5 Minuten blanchieren.
Die Bohnen abtropfen lassen.

Winterlicher Eintopf, Grünkohl und Bohnen in einer Bowl anrichten und nach Belieben mit frischem Koriander servieren.

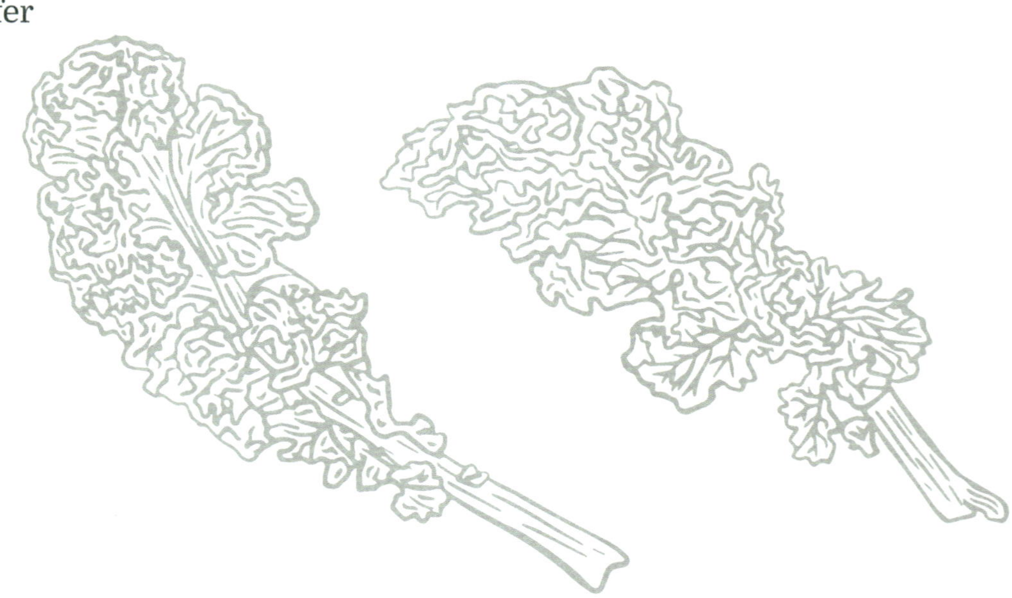

Apfelmilchreis

mit Zwetschgenröster und Nüssen

Zubereitung: 40 Minuten

Zutaten

für 4 Personen

für den Apfelmilchreis
250 g Milchreis
1 l Pflanzendrink (siehe Rezept auf Seite 209)
2 Äpfel
½ Vanilleschote
Salz

für den Zwetschgenröster
600 g Zwetschgen
4 EL Vollrohrzucker
6 EL Wasser
½ TL Zimt
½ TL Kardamom

als Topping
Nüsse nach Belieben

Zubereitung

Für den Apfelmilchreis die Äpfel entkernen und in kleine Würfel schneiden. Gemeinsam mit dem Milchreis, dem Pflanzendrink, einer Prise Salz, Zimt, Kardamom und der Vanilleschote in einem Topf unter Rühren aufkochen lassen und dann bei niedriger Hitze für etwa 25 Minuten köcheln lassen. Ab und zu umrühren.

Währenddessen für den Zwetschgenröster die Zwetschgen entkernen und halbieren. In einen Topf den Vollrohrzucker mit dem Wasser geben und heiß werden lassen, bis sich ein goldgelbes Karamell gebildet hat. Aber Achtung: Karamell kann sehr schnell verbrennen! Anschließend die Zwetschgen hinzugeben, mit Zimt und Kardamom abschmecken und für etwa 10 Minuten bei mittlerer Hitze köcheln lassen, bis die Zwetschgen leicht verfallen sind.

Den Apfelmilchreis gemeinsam mit dem Zwetschgenröster anrichten und nach Belieben mit Nüssen toppen.

Buchweizenpfannkuchen

mit Beerenmarmelade

Zubereitung: 20 Minuten

Zutaten

für 4 Personen

für die Pfannkuchen
150 g Dinkelvollkornmehl
2 EL Buchweizenmehl
190 ml Pflanzendrink (siehe Rezept auf Seite 209)
ca. 1/8 ml Mineralwasser mit Kohlensäure
2 EL Öl zum Braten
Salz, Kurkuma

zum Befüllen
Beerenmarmelade
Nussmus
Apfelmus
frische Früchte

Zubereitung

Für die Pfannkuchen Dinkelvollkornmehl, Buchweizenmehl, Pflanzendrink und Mineralwasser mit einem Schneebesen glatt rühren.

Eine Prise Salz und Kurkuma hinzugeben.
Den Teig 10 Minuten quellen lassen.

Eine Pfanne erhitzen, Öl hinzugeben und die Pfannkuchen 2 bis 3 Minuten je Seite einzeln backen. Bei 60 °C kann man die Pfannkuchen im Ofen warmhalten.

Die Pfannkuchen mit der gewünschten Füllung befüllen, mit Kakao oder Zimt bestäuben und warm servieren.

Schokocreme

im Knusperbecher

Zubereitung: 35 Minuten

Zutaten

für 4 Becher

für die Knusperbecher
50 g Dinkelvollkornmehl
50 g gemahlene Mandeln
2 EL Vollrohrzucker
1 EL Kakaopulver
1–2 EL Weißwein
¼ TL Trockenhefe

für die Schokocreme
50 ml Pflanzendrink (siehe Rezept auf Seite 209)
1 TL Maisstärke
40 g dunkle Schokolade
3 TL Apfeldicksaft

Zubereitung

Mehl, Mandeln, Vollrohrzucker, Kakaopulver und Trockenhefe vermischen. Nach und nach den Wein dazu gießen und zu einem glatten Teig kneten. Im ersten Moment scheint es nach viel zu wenig Flüssigkeit. Verknetet man den Teig jedoch fest mit den Händen, sollte man anschließend eine Kugel formen können. Für 30 Minuten im Kühlschrank ruhen lassen.

1 EL Pflanzendrink mit der Maisstärke in einer Tasse vermischen. Die Schokolade im Wasserbad mit dem restlichen Pflanzendrink und Apfeldicksaft erhitzen. So lange rühren, bis die Schokolade geschmolzen und die Zutaten miteinander vermischt sind. Die Maisstärke-Mischung hinzugeben und kurz aufkochen lassen.

Den Backofen auf 180 °C Ober-/Unterhitze vorheizen. Aus Backpapier vier Quadrate von 12 cm Kantenlänge ausschneiden. Den Teig in vier Portionen teilen, zu kleinen Kugeln rollen, auf die Mitte der Backpapierstücke setzen und mit der Hand flach drücken. Die Teigstücke mit dem Backpapier in ofenfeste Förmchen geben (etwa 7 cm Durchmesser) und am Rand den Teig mit den Fingern hinaufziehen, dass die Formen bis zum Rand mit Teig ausgekleidet sind.

Die Schokocreme in die Teigbecher füllen und für etwa 15 Minuten backen. Die Knusperbecher lauwarm servieren.

Zimtschnecken

mit Vanillefrosting

Zubereitung: 60 Minuten

Zutaten

für 8 Personen

für den Hefeteig
75 g pflanzliche Butter
250 ml Pflanzendrink (siehe Rezept auf Seite 209)
21 g Hefe
100 g Vollrohrzucker
500 g Dinkelvollkornmehl
1 EL Zimt
¼ TL Kardamom
Prise Salz

für die Zimtfüllung
130 g weiche pflanzliche Butter
100 g Vollrohrzucker
3 TL Zimt

für das Vanillefrosting
150 g pflanzliches Joghurt (siehe Rezept auf Seite 201)
½ Zitrone
70 g Puderzucker
1 TL Vanilleextrakt

Zubereitung

Für den Hefeteig den Pflanzendrink etwas erwärmen und die Hefe darin auflösen. Das Dinkelvollkornmehl, den Vollrohrzucker, den Zimt, den Kardamom und das Salz mit der Hefemasse gut entweder von Hand oder mit einer Küchenmaschine verkneten. Anschließend die weiche pflanzliche Butter einkneten. Nun den Teig für etwa 10 Minuten kneten, bis er sich zu einer Kugel formt und nicht mehr klebt. Anschließend den Teig für etwa 1 Stunde an einem warmen Plätzchen gehen lassen. Ofen auf 180 °C Ober-/Unterhitze vorheizen.

Derweil für die Zimtbutter alle Zutaten in einer Küchenmaschine oder von Hand mit dem Schneebesen schaumig rühren. Für das Frosting das pflanzliche Joghurt, den Saft der halben Zitrone, Puderzucker und Vanilleextrakt mit einem Schneebesen glatt rühren.

Nun den Hefeteig auf einer bemehlten Arbeitsfläche zu einem Rechteck ausrollen und ihn mit der Zimtbutter bestreichen. Den Teig längs vorsichtig einrollen und mit einem scharfen Messer vorsichtig in etwa 5 bis 7 cm breite Schnecken schneiden und in eine eingefettete Backform platzieren. Nun die Zimtschnecken mit einem Geschirrtuch abgedeckt für 20 bis 30 Minuten ziehen lassen. Anschließend in den Ofen geben und für etwa 35 bis 40 Minuten backen.

Die Zimtschnecken abkühlen lassen und mit dem Vanillefrosting toppen. Am besten noch warm genießen.

Für Zwischendurch

Auberginencreme

mit frischen Kräutern

Zubereitung: 55 Minuten

Zutaten

für 1 Schälchen

1 Aubergine, etwa 300 g
2–3 frische Thymian- und Rosmarinzweige
Salz, Pfeffer
2 EL Olivenöl
2 EL Gemüsebrühe
1 EL gehackte Petersilie oder Basilikum

Zubereitung

Aubergine der Länge nach halbieren, das Fruchtfleisch tief einschneiden und mit kleinen Stücken von Thymian- und Rosmarinzweigen spicken. Den Backofen auf 160 °C Umluft vorheizen.

Mit der Hautseite nach unten auf ein Backblech legen. Mit Salz bestreuen und mit Olivenöl beträufeln. Die Aubergine mit Alufolie abdecken und im Ofen bei etwa 45 Minuten schmoren, bis sie weich ist.

Die Kräuter entfernen, das Auberginenfleisch mit einem Löffel aus der Schale lösen und mit Gemüsebrühe, Salz, Pfeffer und frischen Kräutern pürieren. Abschmecken und lauwarm oder kalt servieren.

Beerenmarmelade

mit frischen Waldbeeren

Zubereitung: 15 Minuten

Zutaten

für 1 Marmeladeglas

300 g Beeren nach Wahl
Himbeere
Erdbeeren
Brombeeren
Heidelbeeren
3–4 TL Leinsamen
1 Spritzer Zitronensaft
Apfeldicksaft optional

Zubereitung

Die Beeren in einem Topf bei niedriger Hitze erwärmen, bis etwas Flüssigkeit austritt. Die großen Beeren während des Rührens zerkleinern. Wenn die Beeren zerfallen und weich werden, die Leinsamen und den Zitronensaft hinzugeben und bei niedriger Hitze quellen lassen.

Optional kann noch etwas Apfeldicksaft hinzugegeben werden, um die Marmelade zu süßen. Die Marmelade noch heiß in ein Marmeladeglas füllen und gut verschließen.

Tipp: Die Beerenmarmelade kann als Aufstrich aufs Brot, als Topping aufs Müsli oder auf den Porridge oder zu Süßspeisen gegessen werden. Siehe das Apfelküchlein-Rezept auf Seite 131.

Energyballs

mit Leinsamen

Zubereitung: 20 Minuten

Zutaten

für die Energy Balls
200 g getrocknete Feigen, Zwetschgen oder Marillen
50 g Leinsamen
200 g Haselnüsse
100 g Haselnussmus

für die Ummantelungen
gehackte Nüsse
getrocknete Blütenmischung
Kurkuma

Zubereitung

Die Datteln entsteinen. Alle Zutaten in einen Hochleistungsmixer geben und gut durchmixen, bis eine dicke Masse entsteht.

Aus der Masse kleine Kugeln formen und in den gewünschten Zutaten ummanteln.

Im Kühlschrank halten die Energy Balls bis zu 2 Wochen.

Energyshots

Ingwer-Zitrone & Ingwer-Rote Bete

Zubereitung: 10 Minuten

Zutaten

ergibt jeweils 750 ml

Ingwer-Zitrone
100 g Ingwer
etwas Kurkumawurzel
2 Zitronen
½ l purer, ungesüßter Apfelsaft
Pfeffer

Ingwer-Rote Bete
100 g Ingwer
½ gekochte Rote Bete
2 Zitronen
½ l purer, ungesüßter Apfelsaft

Zubereitung

Die Zitronen auspressen, den Ingwer und die Kurkumawurzel schälen. Alle Zutaten in einen Mixer geben und gut durchmixen. Im Kühlschrank halten die Energyshots 5 bis 7 Tage.

Die Energyshots eignen sich perfekt vor und nach dem Sport, vor einer Prüfung oder einfach zur täglichen Unterstützung des Immunsystems und des Verdauungstraktes. Für optimale Resultate täglich 1 bis 2 kleine Gläser davon trinken.

Gemüsechips

aus Roter Bete, Pastinaken und Karotten

Zubereitung: 50 Minuten

Zutaten

für 4 Personen

Rote Bete
Pastinaken
Karotten
Olivenöl
Salz, Gewürze nach Belieben

Menge nach Belieben
2–3 mittelgroße Rote Beten ergeben etwa eine kleine Schüssel Gemüsechips

Zubereitung

Den Ofen auf 150 °C Heißluft vorheizen. Für die Gemüsechips das jeweilige Gemüse mit einem Hobel auf feinster Stufe hobeln. Anschließend in eine Schüssel geben und mit einem guten Schuss Olivenöl vermischen. Wichtig: Darauf achten, dass alle Gemüsestellen mit Öl bedeckt sind, ansonsten werden sie später nicht knusprig.

Backpapier auf einem Backblech auslegen und darauf die Gemüsescheiben einzeln nebeneinanderlegen. Für 25 bis 40 Minuten backen, die Backzeit hängt davon sehr stark vom Ofen und der Menge an Gemüsescheiben ab. Die Chips werden erst beim Auskühlen knusprig, also ruhig ab und zu eine Scheibe zum Probieren aus dem Ofen nehmen und für etwa 2 Minuten abkühlen lassen. Wenn sie dann noch nicht knusprig sind, für ein paar weitere Minuten im Ofen lassen.

Gemüsechips aus dem Ofen nehmen und mit Salz und Gewürze nach Belieben abschmecken und verfeinern. Die Gemüsechips am besten frisch genießen.

Green Power & Very Berry

Smoothies

Zubereitung: 5 Minuten

Zutaten

für 2 Personen

für den grünen Smoothie
eine Handvoll (gefrorene) Ananas
eine Handvoll (gefrorene) Bananen
eine Handvoll (gefrorener) Spinat
1 Apfel
5 g Ingwer
3 EL Zitronensaft
2 Orangen

für den Beerensmoothie
eine Handvoll (gefrorene) Ananas
eine Handvoll (gefrorene) Himbeeren
eine Handvoll (gefrorene) Erdbeeren
1 Apfel
5 g Ingwer
3 EL Zitronensaft
2 Orangen

Zubereitung

Jeweils alle Zutaten in einem Hochleistungsmixer auf hoher Stufe vermixen. Frisch genießen, dann ist der Vitamingehalt am höchsten.

Smoothies sind sehr sättigend und eignen sich perfekt zur optimalen Obst- und Gemüseversorgung, da sie sich gut in den Alltag einbauen lassen.
Die Vitamine und Nährstoffe sind alle in einem Drink komprimiert und schmecken zudem super lecker.

Tipp: Die Obst- und Gemüsesorten für die Smoothies können frisch, aber auch gefroren verarbeitet werden. Wenn man jedoch ausschließlich frische Zutaten verwendet, ist es wichtig, 3 bis 4 Eiswürfel für die optimale Konsistenz hinzuzugeben.

Haferriegel

mit Heidelbeeren

Zubereitung: 20 Minuten

Zutaten

ergibt etwa 10 Riegel

120 g Haferflocken
1 große reife Banane
1 TL Zimt
40 g Nussmus
50 g Heidelbeeren (frisch oder gefroren)
Salz

Zubereitung

Den Ofen auf 180 °C Umluft vorheizen. Die Hälfte der Haferflocken in einem Hochleistungsmixer zu Hafermehl verarbeiten – das dauert gerne mal einige Minuten. Die Banane mit einer Gabel zerdrücken, sodass ein Brei entsteht.

Die zweite Hälfte der Haferflocken mit Zimt und etwas Öl in einer Pfanne anrösten, ständig umrühren. Sobald es nach etwa 3 bis 4 Minuten gut duftet, die Pfanne vom Herd nehmen und die Masse in eine Schüssel füllen.

Das Nussmus, den Bananenbrei, das Hafermehl und etwas Salz hinzugeben und mit den Fingern verkneten. Anschließend die Heidelbeeren hinzugeben und alles kurz vermengen.

Den Teig auf einem Backpapier zu kleinen Riegeln formen und etwas flach drücken. Für etwa 20 bis 25 Minuten im Ofen backen und vor dem Verzehr auskühlen lassen.

Haselnuss-Aufstrich

mit Schokolade

Zubereitung: 30 Minuten

Zutaten

ergibt 1 Schälchen Aufstrich

400 g Haselnüsse
85 g dunkle Schokolade
30 ml Ahornsirup

optional
¼ TL grobes Meersalz
¼ TL gemahlene Vanille

Zubereitung

Den Ofen auf 175 °C Heißluft vorheizen, die Haselnüsse auf einem Backblech mit Backpapier verteilen und für 15 Minuten im Ofen rösten.

Aus dem Ofen nehmen und kurz auskühlen lassen. In ein sauberes Küchentuch geben, verschließen und mit den Händen reiben, sodass sich ein Großteil der Schale von den Nüssen löst.

Die geschälten Nüsse ein weiteres Mal auf das Backblech geben und für 5 Minuten rösten. Danach die Nüsse wieder etwas abkühlen lassen.

Die Schokolade in einem Wasserbad vorsichtig schmelzen. Nüsse in einen Hochleistungsmixer geben und lange auf niedriger Stufe mixen, bis die Nüsse zu Nussbutter geworden sind. Anschließend die geschmolzene Schokolade beigeben und nach Belieben mit Meersalz oder Vanille verfeinern. Die Masse sollte jetzt noch eher flüssig sein. Den Ahornsirup hinzugeben und noch einmal mixen. Nun sollte die Masse etwas fester werden. Je mehr Ahornsirup man hinzugibt, desto fester wird der Aufstrich.

Auf einem Brot, als Topping oder zum Dippen von Obst verwenden und innerhalb von 2 bis 3 Wochen aufbrauchen.

Hummusvariationen

Curry, Spinat und Rote Bete

Zubereitung: 10 Minuten

Zutaten

für jeweils 1 Schale

für das Grundrezept
400 g Kichererbsen aus der Dose
3 EL Olivenöl
1 Knoblauchzehe
Saft einer halben Zitrone
1 Handvoll Petersilie
Wasser nach Belieben
Salz

für den Rote-Bete-Hummus
100 g Rote Bete
1 Zweig Thymian

für den Spinat-Hummus
60 g Spinat
1 Frühlingszwiebel
1 Knoblauchzehe

für den Curry-Hummus
1 TL Currypulver
Saft einer Zitrone

zum Dippen
Gemüsesticks aus
Gurken
Karotten
Paprika

Zubereitung

Für das Grundrezept die Kichererbsen, Öl, Salz, Pfeffer, Petersilie, Knoblauch, Zitronensaft und einen Schluck Wasser mit einem Hochleistungsmixer oder Stabmixer mixen, bis eine dickliche Masse entsteht.

Für den Rote-Bete-Hummus die Rote Bete grob schneiden und die Thymianblättchen vom Strunk entfernen, beides hinzugeben und mixen.

Für den Spinat-Hummus den Spinat, die Frühlingszwiebel und die Knoblauchzehe zur Grundmasse geben und mixen.

Für den Curry-Hummus das Currypulver und den Saft von einer Zitrone zum Grundrezept hinzugeben und mixen.

Der Hummus kann als Aufstrich, Dip oder zum pur essen verwendet werden. Optional kann man aus Karotte, Gurke oder Stangensellerie Sticks schneiden und mit Hummus dippen.

Jausentortillas

mit Gemüsefüllung

Zubereitung: 20 Minuten

Zutaten

für 4 Personen

2 Paprika
350 g Tomaten
1 rote Zwiebel
1 Chilischote
½ Bund Petersilie
4 Tortillas
2 EL Sojasauce
½ Zitrone
2 Messerspitzen gemahlener Kreuzkümmel
Rapsöl zum Braten
Salz, Pfeffer

Zubereitung

Stiel und Kerne der Paprika entfernen und die Paprika in feine Streifen schneiden. Tomaten würfeln. Zwiebel und Knoblauch fein hacken. Chilischote in kleine Ringe schneiden. Petersilie fein hacken.

Etwas Öl in einer Pfanne erhitzen. Zwiebel, Knoblauch und Chili reingeben und für etwa 2 Minuten braten. Paprikastreifen und Tomaten hinzugeben und weitere 5 Minuten braten.

Währenddessen die Tortillas entweder bei 130 °C im Ofen, in der Mikrowelle oder in einer weiteren Pfanne erwärmen.

Das Gemüse mit Sojasauce ablöschen. Zitronenschale und Zitronensaft, Kreuzkümmel und Petersilie hinzugeben und mit Salz und Pfeffer abschmecken. Das Gemüse auf den Tortillas verteilen und zusammenrollen.

Karottenaufstrich

mit Kurkuma

Zubereitung: 20 Minuten

Zutaten

ergibt 1 Schälchen Aufstrich

300 g Karotten
1 Zwiebel
2 Knoblauchzehen
2 EL Olivenöl
½ TL Kurkumapulver
Salz, Pfeffer

Zubereitung

Die Zwiebel, Karotten und Knoblauchzehen schälen und grob würfeln. In einem Topf das Olivenöl erhitzen und Zwiebel und Knoblauch bei mittlerer Hitze glasig dünsten.

Anschließend die Karotten hinzufügen und bei niedriger Hitze zugedeckt bei ständigem Umrühren etwa 20 Minuten dünsten.

Sobald die Karotten weich sind, das Kurkumapulver und nach Belieben Salz und Pfeffer hinzugeben.

Vom Herd nehmen und alles mit einem Standmixer oder Hochleistungsmixer zu einer cremigen Masse mixen. Nach Belieben kann der Aufstrich mit etwas Wasser noch dünner gemacht werden.

Overnight Oats

Grundrezept & Variationen

Zubereitung: 5 Minuten

Zutaten

für 1 Person

für das Grundrezept

½ Banane
50 g Haferflocken
150 ml Pflanzendrink (siehe Rezept auf Seite 209)
1 TL Leinsamen
1 EL Nussmus
1 Prise Salz

optional und nach Belieben

Zimt
Trockenfrüchte
Vanille
Obst
Nussmus
Kakao
Samen
Nüsse

Zubereitung

Die Banane mit einer Gabel zu Brei zerdrücken und mit Haferflocken, Pflanzendrink, Nussmus, Leinsamen und einer Prise Salz mischen. Nun nach Belieben Zimt, Vanille oder Kakao hinzugeben, miteinander vermengen und über Nacht im Kühlschrank stehen lassen.

Am nächsten Tag kann dann nach Belieben unterschiedliches Obst, Samen, Nussmus oder Nüsse hinzugegeben werden. Die Beerenmarmelade von Seite 172 eignet sich auch sehr gut als Topping.

Proteingranola

mit Trockenfrüchten

Zubereitung: 20 Minuten

Zutaten

für 1 großes Vorratsglas

350 g Haferflocken
250 g Dinkelflocken
150 g gehackte Nüsse
100 g getrocknete Feigen oder Datteln
100 g gemischte Kerne
50 g Leinsamen
100 g Erdnussmus
5 EL Apfeldicksaft
3 EL Walnussöl
2 TL Zimt
1 TL Kardamom
1 TL Nelken
1 Prise Salz

Zubereitung

Den Ofen auf 180 °C Heißluft vorheizen.

Die Haferflocken, Dinkelflocken, gehackte Nüsse, Leinsamen und Kerne in einer Schüssel verrühren. Anschließend Apfeldicksaft, Erdnussmus, Walnussöl, Zimt, Kardamom, Nelken und eine Prise Salz hinzugeben und gut miteinander vermengen.

Die Mischung gleichmäßig auf einem Backblech verteilen und für etwa 10 bis 12 Minuten im Ofen goldbraun backen. Mit einem Kochlöffel das Granola in der Hälfte der Backzeit etwas durchmischen und weiter backen. Aus dem Ofen nehmen und abkühlen lassen. Die Trockenfrüchte in kleine Stücke schneiden und in das Granola mischen.

Das Granola kann noch durch andere Zutaten wie Kakao, Samen, Kokoschips oder mit anderen Nüssen verfeinert und individuell angepasst werden. Es kann pur mit Pflanzendrink gegessen oder als Topping für Joghurt, Früchte oder Porridge verwendet werden.

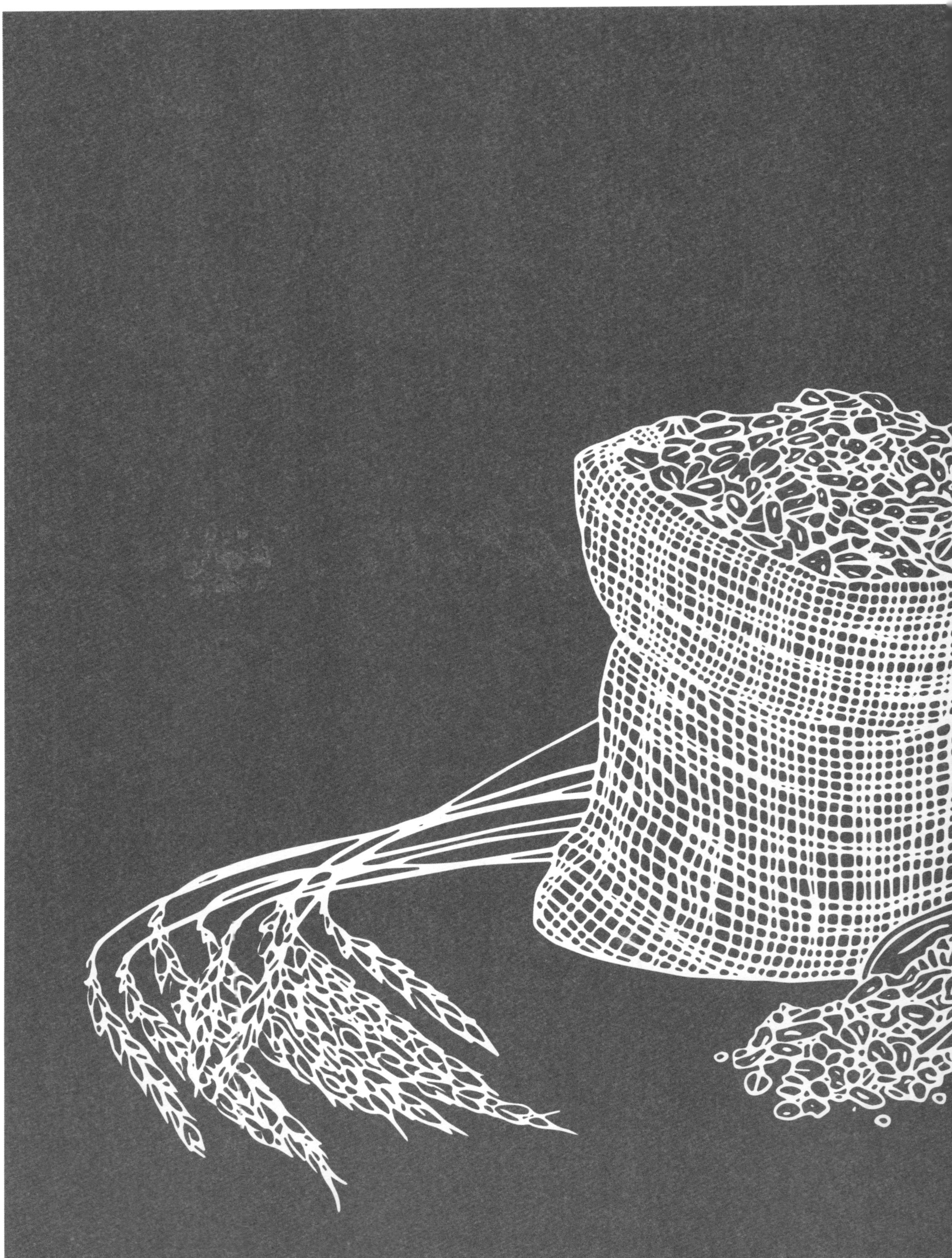

Grundrezepte

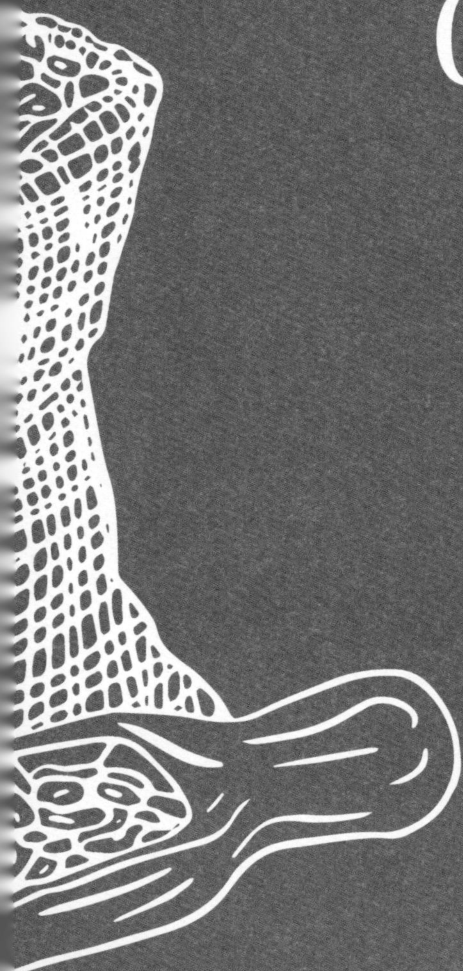

Gemüsebrühe

mit Ingwer

Zubereitung: 60 Minuten

Zutaten

ergibt etwa 1 Liter Brühe

1 Zwiebel
1 Knoblauchzehe
2 g frischer Ingwer
½ Knollensellerie
2 Karotten
1 Bund glatte Petersilie
1 Frühlingszwiebel
½ Pastinake
1,5 l Wasser
Salz, Pfeffer
½ Bund Maggikraut
1 TL Olivenöl

Zubereitung

Alle Gemüsesorten ungeschält grob schneiden. Die Zwiebeln in Olivenöl anrösten. Ingwer und Knoblauch hinzufügen und etwa für 3 bis 4 Minuten anbraten.

Die ganzen Kräuter, Gewürze und das restliche Gemüse hinzufügen und mit dem Wasser aufgießen.

Die Gemüsebrühe aufkochen. Für etwa 45 bis 60 Minuten auf niedriger Stufe ziehen lassen. Die Gemüsebrühe durch ein feines Sieb gießen und weiterverarbeiten.

Haferjoghurt

hausgemacht

Zubereitung: 20 Minuten

Zutaten

ergibt etwa 1,3 Liter Joghurt

120 g Haferflocken
800 ml Heisswasser
2 TL Agaragar
1 kleiner Becher pflanzliches Joghurt oder Starterkultur
etwa 6–8 Joghurtgläser, je nach Größe

Zubereitung

Haferflocken in einen Mixer geben und mit ca. 800 ml heißem Wasser aufgießen. Gut durchmixen und stehen lassen.

Das Agaragar mit wenig Wasser in einen Topf geben und unter ständigem Rühren erhitzen. Alle Klumpen auflösen. Danach in den Mixer geben und nochmals alles gut mixen.

Stehen lassen, bis es etwas abgekühlt ist. Nochmals mixen, dann mit kaltem Wasser auffüllen, sodass ungefähr 1.250 ml erreicht sind. Nochmals mixen.

Das Joghurt beigeben, wenn die Flüssigkeit im Mixer noch lauwarm ist. Auf niedriger Stufe nochmals ganz kurz mischen, sodass das Joghurt unter die Flüssigkeit verteilt wird.

In die Joghurtgläser füllen und für 10 Stunden im Joghurtbereiter stehen lassen. In dieser Zeit nicht bewegen. In den Kühlschrank räumen und warten, bis sie richtig kalt sind.

Hafersahne

hausgemacht

Zubereitung: 20 Minuten

Zutaten

ergibt etwa 400 ml Sahne

100 g Haferflocken
600 ml Wasser
1 EL Pflanzenöl – neutrales Raps- oder Sonnenblumenöl oder für ein besonderes Aroma Nussöl (Walnuss, Mandel oder Haselnuss)
1 Prise Salz

Utensilien
Hochleistungsmixer
Nussmilchbeutel, feines Sieb oder Mulltuch

Zubereitung

Das Wasser aufkochen, etwa die Hälfte davon zusammen mit den Haferflocken in einen Hochleistungsmixer geben und pürieren, danach für etwa fünf Minuten quellen lassen.

Die restliche Menge Wasser, eine Prise Salz und das Öl hinzugeben. Die Masse für 3 bis 4 Minuten auf mittlerer Stufe fein mixen. Noch einmal für 5 bis 10 Minuten quellen lassen.

Durch einen Nussmilchbeutel oder ein Mulltuch abgießen und die Reste im Tuch kräftig ausdrücken.

In kleine Gläser abfüllen und in den Kühlschrank stellen.

Nudelteig

hausgemacht

Zubereitung: 10 Minuten

Zutaten

ergibt etwa 800 g Nudeln

500 g Dinkelmehl oder Nudelmehl
120 g Hartweizengrieß
1 TL Salz
3–4 EL Olivenöl
200 ml Wasser

Zubereitung

Mehl, Hartweizengries und Salz vermengen. Wasser und Olivenöl hinzufügen. In der Küchenmaschine oder von Hand für etwa 10 Minuten zu einem glatten Teig verkneten. Wenn der Teig zu trocken ist, 1 bis 2 EL Wasser hinzugeben, wenn er zu feucht ist, portionsweise Nudelmehl dazugeben. In Frischhaltefolie einwickeln und für etwa 1 Stunde im Kühlschrank rasten lassen. Die Nudelwalzen mit etwas Nudelmehl bestäuben. Den Teig in 8 bis 10 gleich große Stücke teilen. Jeweils zu Kugeln formen und 2- bis 3-mal durch die Nudelwalze laufen lassen.

Die ausgerollten Nudelblätter unter einem angefeuchteten Tuch lagern. Die Nudelbahnen können von Hand oder mit einer Nudelmaschine zu verschiedenen Formen geformt oder geschnitten und gleich gekocht, getrocknet oder eingefroren werden. Dazu jeweils vor und nach dem Formen leicht mit Mehl bestäuben.

Pflanzliche Bratensauce

eine vielseitige und herzhafte Sauce

Zubereitung: 50 Minuten

Zutaten

ergibt etwa 1 Liter Sauce

3 Schalotten
1 Knoblauchzehe
2 EL Olivenöl
2 EL Tomatenmark
250 ml Rotwein
2 EL Rotweinessig
750 ml Gemüsebrühe (siehe Rezept auf Seite 198)
2 Lorbeerblätter
2 EL Preiselbeermarmelade
1 Zweig Rosmarin
1 Zweig Thymian
geriebene Muskatnuss
Salz, Pfeffer

Zubereitung

Schalotten und Knoblauch schälen und fein schneiden. In einen vorgeheizten Topf Olivenöl geben und die Schalotten und den Knoblauch glasig dünsten. Das Tomatenmark hinzugeben und anschwitzen. Nach ein paar Minuten mit dem Rotwein und dem Rotweinessig ablöschen und etwa 5 bis 8 Minuten auf mittlerer Hitze köcheln lassen. Mit der Gemüsebrühe aufgießen, die Preiselbeermarmelade, Thymian- und Rosmarinzweige und Lorbeerblätter in die Sauce geben und alles nun für etwa 30 Minuten auf mittlerer Hitze köcheln lassen.

Anschließend Thymian- und Rosmarinzweige und Lorbeerblätter entfernen und die Sauce mit einem Stabmixer pürieren, sodass eine feine Sauce entsteht. Nach Belieben nun mit Salz, Pfeffer und Muskatnuss abschmecken. Sollte die Sauce zu dünn werden, kann man in einer Tasse 1 EL Stärke und 2 EL kaltes Wasser mischen, in die Sauce geben und alles noch einmal kurz aufkochen lassen.

Tipp: Die Sauce kann ganz einfach am Vortag vorgekocht und wieder aufgewärmt werden oder sogar eingefroren und bei Bedarf wieder aufgetaut und erhitzt werden.

Pflanzlicher Drink

aus Hafer, Reis, Mandel & Co.

Zubereitung: 20 Minuten

Zutaten

ergibt etwa 400 ml Drink

für den Reisdrink
175 g gekochter Reis
1 Prise Salz
1 l Wasser

für den Pflanzendrink
100 g Haferflocken
1 Prise Salz
1 l Wasser

für den Mandeldrink
200 g Mandeln
1 l Wasser

je nach Geschmack
Agavendicksaft
Ahornsirup
Reissirup
Zimt
Kardamom
Anis
Vanille

Utensilien
Hochleistungsmixer
feines Sieb oder Tuch

Zubereitung

Die Hauptzutat über Nacht in reichlich kaltem Wasser einweichen. Das Wasser abgießen und die Hauptzutat in einem Mixer fein pürieren.

Das Mus mit einem Liter frischem Wasser aufgießen. Alles gut in einem Hochleistungsmixer durchmixen.

Je nach Geschmack die Süßungsmittel oder Gewürze hinzufügen oder den pflanzlichen Drink neutral lassen.

Den Brei durch ein feines Sieb oder ein dünnes Tuch sieben, um die festen Bestandteile des pflanzlichen Drinks zu entfernen.

Der pflanzliche Drink kann auch aus anderen Nuss- und Getreidesorten hergestellt werden.

Vanillesauce

hausgemacht

Zubereitung: 10 Minuten

Zutaten

ergibt etwa 400 ml Sauce

1 Vanilleschote
400 ml Pflanzendrink
(siehe Rezept auf Seite 209)
6 TL Speisestärke
1 Messerspitze
Kurkumapulver
4 EL Vollrohrzucker

Zubereitung

Die Vanilleschote längs aufschneiden und auskratzen und zusammen mit der Hülse und dem Pflanzendrink aufkochen.

Die Speisestärke mit 6 TL kaltem Wasser anrühren und zusammen mit dem Vollrohrzucker in den kochenden Pflanzendrink einrühren.

Eine Minute auf mittlerer Hitze weiterköcheln lassen, anschließend vom Herd nehmen. Den Kurkuma für die Farbgebung unterrühren.

Zu Desserts und süßen Gerichten servieren.

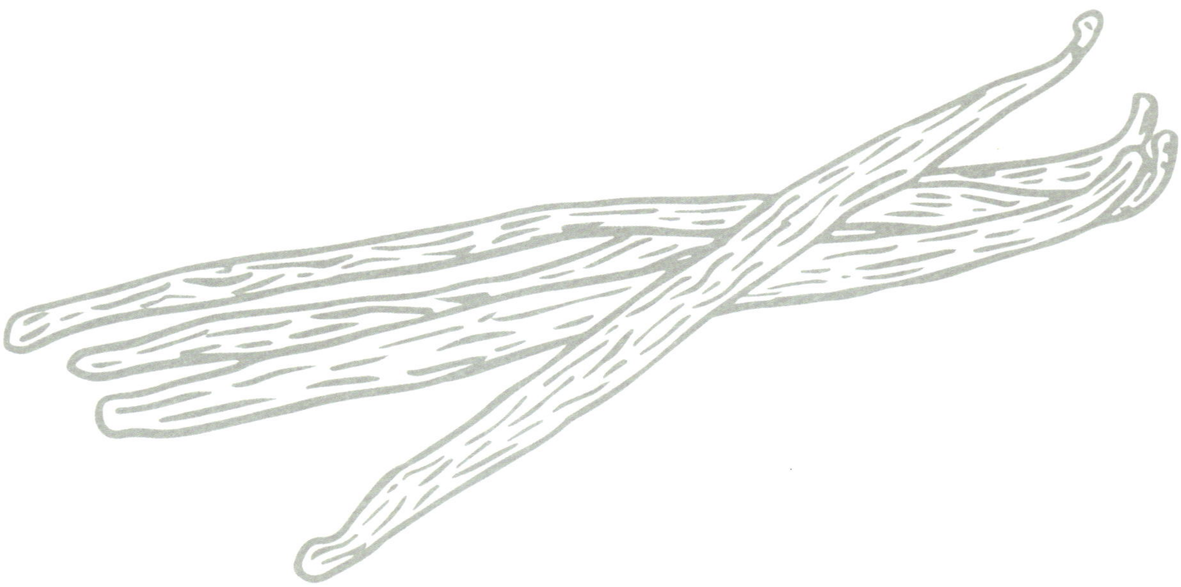

Zu guter Letzt ...

... ein riesengroßes Dankeschön!

Wir danken allen unseren Leserinnen und Lesern, dem BUCHER Verlag und dessen Team, den Dozierenden und unseren Mitstudierenden der Fachhochschule Vorarlberg im Studiengang InterMedia BA, unserem Kooperationspartner HLW Feldkirch – Institut St. Josef sowie allen Unterstützerinnen und Unterstützern, unseren Familien, Liebsten und Freunden, die uns in diesem Projekt bereichert und inspiriert haben.

Vom BUCHER Verlag können wir nur in den allerhöchsten Tönen sprechen. Eine solch hohe Bereitschaft an Unterstützung hätten wir nicht erwartet, deshalb gilt euch ein riesengroßes Dankeschön für die tolle Zusammenarbeit und die überwältigende Unterstützung!

Zusätzlich veranstalten wir im Namen von „Löwenzahn & Endivie“ in Schulkantinen und Mensen pflanzliche Wochen. Wir danken unserem ersten Kooperationspartner HLW Feldkirch – Institut St. Josef für die Unterstützung und die tolle Zusammenarbeit!

Das enorm breite Fachwissen der Dozierenden und unserer Mitstudierenden bereicherte unser Projekt im Bereich Gestaltung und Kommunikation um ein Vielfaches. Durch zahlreiche Coachings, Vorlesungen und Praxisstunden erlernten wir seit dem ersten Semester von Grund auf, was gutes Design und Kommunikation ausmacht. Dieses Wissen wendeten wir in unserem Stil bei der Gestaltung unseres Kochbuches an und hoffen, dass wir euren Geschmack genauso getroffen haben wie unseren.

Unseren Familien, Liebsten sowie unseren Freundinnen und Freunden gilt ebenfalls ein riesengroßes Dankeschön für die allzeit vorhandene Unterstützung unseres Herzensprojektes. Egal, ob beim Kochen, bei der Hilfe der Bildauswahl unter tausenden Fotos oder auch einfach so zur Unterstützung beim Kosten und Aufessen – die Hilfsbereitschaft war immer in rauen Mengen vorhanden! Tausend Dank, ihr seid die Besten!

Und vielen Dank an euch, liebe Leserinnen und Leser! Danke, dass ihr euch gemeinsam mit uns auf diese pflanzlich-kulinarische Reise durch die vier Jahreszeiten und deren Hintergrundwissen begeben habt, dabei hoffentlich einiges mitnehmen konntet und viel Freude dabei hattet.

Wir hoffen, dass wir mit diesem Kochbuch unseren Nachhaltigkeitsgedanken und den Geschmack der pflanzlichen Kulinarik positiv vermitteln konnten und dass dieser vielleicht sogar von euch in euer Umfeld und in die Welt weitergetragen wird. Und wenn ihr dann noch ein paar Rezepte nachgekocht habt und der Umwelt zuliebe mal Fisch, Fleisch und andere tierische Produkte auf dem Speiseplan weggelassen und zu regionalen und nachhaltigen Produkten gegriffen habt, dann sind wir wunschlos glücklich und haben einen großen Teil unseres Zieles erreicht!

Außerdem hoffen wir, dass ihr viel Spaß und schöne Momente beim Nachkochen und Genießen erlebt habt. Und auch wenn das eine oder andere Gericht mal nicht gelingt – das passiert sogar jedem Profikoch. Dann einfach nochmal mit viel Freude und Spaß die Töpfe klimpern lassen und die Kochlöffel schwingen!

Eure

Lorena Maria Lins & Elena Groß

Folgt uns auf unseren Social-Media-Kanälen und lasst euch dabei von vielen weiteren Rezepten, Ideen und Tipps und Tricks inspirieren!

loewenzahnundendivie

Löwenzahn & Endivie

Impressum

Lorena Maria Lins & Elena Groß

Löwenzahn & Endivie

gesund & einfach · kochen & Genießen

1. Auflage 2021

Fotografie: Elena Groß & Lorena Maria Lins
Bildbearbeitung: Elena Groß & Lorena Maria Lins
Gestaltung: Elena Groß & Lorena Maria Lins
Illustrationen: Elena Groß & Lorena Maria Lins
Text: Elena Groß & Lorena Maria Lins
Lektorat: Dr. Lukas Christensen
Food & Styling: Elena Groß & Lorena Maria Lins
Produktion: BUCHER Druck, Hohenems
Bindung: Papyrus, Wien

Printed in Austria

ISBN 978-3-99018-614-5

Impressum

Lorena Maria Lins & Elena Groß

Löwenzahn & Endivie

gesund & einfach · kochen & Genießen

1. Auflage 2021

Fotografie: Elena Groß & Lorena Maria Lins
Bildbearbeitung: Elena Groß & Lorena Maria Lins
Gestaltung: Elena Groß & Lorena Maria Lins
Illustrationen: Elena Groß & Lorena Maria Lins
Text: Elena Groß & Lorena Maria Lins
Lektorat: Dr. Lukas Christensen
Food & Styling: Elena Groß & Lorena Maria Lins
Produktion: BUCHER Druck, Hohenems
Bindung: Papyrus, Wien

Printed in Austria

ISBN 978-3-99018-614-5

dem Speiseplan weggelassen und zu regionalen und nachhaltigen Produkten gegriffen habt, dann sind wir wunschlos glücklich und haben einen großen Teil unseres Zieles erreicht!

Außerdem hoffen wir, dass ihr viel Spaß und schöne Momente beim Nachkochen und Genießen erlebt habt. Und auch wenn das eine oder andere Gericht mal nicht gelingt – das passiert sogar jedem Profikoch. Dann einfach nochmal mit viel Freude und Spaß die Töpfe klimpern lassen und die Kochlöffel schwingen!

Eure

Lorena Maria Linz & Elena Groß

Folgt uns auf unseren Social-Media-Kanälen und lasst euch dabei von vielen weiteren Rezepten, Ideen und Tipps und Tricks inspirieren!

loewenzahnundendivie **Löwenzahn & Endivie**